Peter Klein

Aufstehen oder jetzt erst recht

Der Autor Peter Klein, geboren 1965 arbeitet seit dem Ende seines Journalistik-Studiums als Freier Journalist und Bildjournalist. Seit 2005 arbeitet und lebt er in Offenbach am Main, der Stadt mit dem prozentual höchsten Anteil an Einwohnern mit Migrationshintergrund. Sein Schwerpunkt sind interkulturelle Themen.

Peter Klein

AUFSTEHEN oder Jetzt erst recht

Wie Migranten seit Jahrhunderten

die Gesellschaft bereichern...

...am Beispiel der Stadt Offenbach am Main

Bibliografische Information der Deutschen
Nationalbibliothek:
Die Deutsche Nationalbibliothek verzeichnet diese
Publikation in der Deutschen Nationalbibliografie;
detaillierte bibliografische Daten sind im Internet
über http://dnb.dnb.de abrufbar.

Herstellung und Verlag: BoD – Books on Demand,
Norderstedt

ISBN: 978-3-7562-1807-3

Inhaltsverzeichnis

Vorwort

Erster Teil: Die Geschichte

Zweiter Teil: Und heute? Porträts

Quellen

Danksagung

Vorwort

Der weltoffene Geist Offenbachs bietet auch heute noch den Hintergrund dafür, dass Menschen seit über 300 Jahren, trotz allem was ihnen widerfahren ist, aufstehen und sich mit einem „jetzt erst recht" aktiv in die Gesellschaft einbringen.

Im Jahr 1699 siedelte der Graf Johann Philipp von Isenburg in Offenbach die französischen Hugenotten an. Die protestantischen Glaubensflüchtlinge, die im Nachbarland um Leib und Leben fürchten mussten, wurden hier mit zahlreichen Privilegien ausgestattet. Etwa hundert Jahre später waren sie hauptsächlich daran beteiligt, dass sich Offenbach vom Fischer- und Handwerkerdorf zu einer industriellen Großstadt wandelte.

Fast gleichzeigt gab der Graf den Juden Raum, ihren Glauben zu leben und bestimmten Berufen nachzugehen. Sie mussten hier nicht in Ghettos leben. 1714 erhält der jüdische Verleger Seligmann Hirz Reis die Erlaubnis ein Druckhaus zu eröffnen. 1803 schaffte Fürst Carl von Isenburg als erster den sogenannten „Judenleibzoll" ab. Offenbach entwickelt sich zu einem Zentrum des modernen Judentums. 1935 wird hier die Berlinerin Regina Jonas als weltweit erste Rabbinerin ordiniert.

Und heute? Vor diesen Hintergrund beschäftigt sich das Buch im zweiten Teil mit Menschen, die auch heute noch, oft nicht freiwillig, hier ankommen und sich trotzdem eine neue Existenz aufbauen, mit der sie die Gemeinschaft bereichern.

Heute sind es nicht mehr hoheitliche Beschränkungen und Privilegien, die Menschen daran hindern, ihr Potenzial in die Gesellschaft einzubringen, sondern es ist oft die Bürokratie. Lässt sich die Geschichte auch augenzwinkernd und etwas ironisch betrachten, dann hört hier der Spaß auf.

Allzu oft haben Bürokraten darauf verwiesen, dass sie nur ihre Pflicht erfüllen, beziehungsweise Befehle befolgt hätten, egal was das für die betroffenen

Menschen bedeutete. Trotzdem - in vielen Porträts tauchen auch solche Amtsmitarbeiter auf, denen Menschlichkeit wichtiger ist als die Durchsetzung starrer Vorschriften. Leider sind es immer noch viel zu wenige.

Umso mehr gilt der Respekt denjenigen, die es trotzdem geschafft haben, nach dem Motto „Aufstehen oder jetzt erst recht".

Viel Spaß beim Lesen.

Erster Teil: Die Geschichte

1. Von den Anfängen

Im Jahr 977 wird Offenbach erstmals historisch erwähnt. Wer sich mit seiner Geschichte auseinandersetzt kommt um die Wechselwirkung mit dem großen Nachbarn Frankfurt, damals bereits Königspfalz, nicht herum. In herzlicher gegenseitiger Abneigung haben sie sich wechselseitig beeinflusst. Ohne Frankfurt wäre die Großstadt Offenbach nicht entstanden. So schrieb der Wirtschafts- und Sozialhistoriker Alexander Dietz in seiner „Frankfurter Handelsgeschichte," Anfang des 20. Jahrhunderts: „Frankfurt war der Beschaffungsmarkt für das Offenbacher Gewerbe". Ohne Offenbach aber hätte sich der von hier ausgehende, weltoffene Geist nicht über eine ganze Region ausdehnen können. Herrschte Jahrhunderte lang der Glaube vor, sollten beide einmal gemeinsam etwas bauen, so wird es eine Mauer sein, arbeiten die Städte heute im Regionalverband Frankfurt/Rhein-Main zusammen.

Der Ärger zwischen beiden Städten beginnt bereits im Jahre 1417. Damals beschwert sich die Stadt Frankfurt empört beim Reich. Angehörige des niederen Adels schickten sich an, in Offenbach eine Burg zu bauen. Ein schwerer Verstoß. Schließlich genossen die Frankfurter das im 14. Jahrhundert von Kaiser Ludwig dem Bayern verliehene Privileg, dass im Umkreis von zehn Stunden keine Burg oder Schloss gebaut werden durfte. Ihre Beschwerde beim Offenbacher Landesherrn dem Erzbischof und Kurfürst von Trier, Werner von Falkenstein aber blieb erfolglos. Also beschwerte sich Frankfurt drei Jahre später beim Kaiser, wieder ohne Erfolg.

Nach wechselnden Besitzverhältnissen fiel Offenbach 1486 an die Grafen zu Isenburg. In der Welt-geschichte war dies eine spannende Zeit. Kolumbus entdeckte Amerika und Luther nagelte seine 95

Thesen an die Kirchentür in Wittenberg, mit denen er gegen den Ablasshandel protestierte.

Ein neues Zeitalter begann. Graf Reinhard legte 1541 den Grundstein zum Bau eines Schlosses. 1542 schaffte er in seinem Machtbereich das Papsttum ab und führte das lutherische Bekenntnis ein.

Während die erste Burgruine verfiel, musste Frankfurt die nächste Demütigung ertragen. Im 30jährigen Krieg nahm der Schwedenkönig Gustav Adolf 1631 im Offenbacher Schloss Quartier und forderte die Übergabe der Reichsstadt Frankfurt. Der Rat der Stadt schickte guter Hoffnung eine Verhandlungsdelegation, die mit Verweis auf Bedeutung und Ansehen von Frankfurt Schonung verlangte. Doch Gustav Adolf ließ nicht mit sich verhandeln. Bedingungslos forderte er die Unterwerfung der Stadt. Gedemütigt mussten die Frankfurter Bürger den Einmarsch der schwedischen Truppen ertragen.

Im Isenburger Schloss machte Schwedenkönig König Gustav II. Adolf von Schweden auf seinem Feldzug im 30jährigen Krieg Station

Lange freuen konnten sich aber die protestantischen Offenbacher nicht über die Demütigung Frankfurts. Bereits drei Jahre nachdem König Gustaf Adolf in Offenbach Quartier genommen hatte, brach 1634 die Pest aus. Der Krieg der dreißig Jahre dauerte und den keiner gewinnen konnte, hatte bis zu 1648 Millionen Opfer gefordert. Auch Offenbach war durch Truppen-durchmärsche und Hungersnöte verwüstet.

Es ist zwar nicht überliefert, wie sich die Bevölkerung 1648 zum Ende des 30jährigen Krieges zusammen-setzte, aber es ist anzunehmen, dass die Pest-gezeichneten, Kriegsinvaliden und Witwen mit ihren Vergewaltigungskindern die Mehrheit bildeten. Fast 40 Jahre später, im Jahr 1685, hat Offenbach gerade einmal 600 Einwohner. Das war natürlich schlecht für einen Fürsten, der nur von den Abgaben seiner Untertanen lebte. Doch Graf Johann Philipp hatte eine Idee: Die Hugenotten und die Juden könnten es richten.

Die Hugenotten

Wie in Deutschland fand der Protestantismus auch in Frankreich schnell Anhänger. Doch der König war streng katholisch und die Kirche mächtig. Die erste Hinrichtung eines Protestanten wird auf 1523 datiert. Trotzdem konnte der Protestantismus Fuß fassen. Es folgten mehrere Glaubenskriege. Erst das Edikt von Nantes gewährt 1598 den Protestanten religiöse Toleranz und volle Bürgerrechte. Sind die protestantischen Kirchen in Deutschland entweder von Martin Luther (Lutheraner) oder dem Züricher Reformator Huldrych Zwingli geprägt, so haben sich die französischen Protestanten sehr schnell den Lehren des nachfolgenden Reformators Johannes Calvin angeschlossen. Er war in Noyon in Frankreich geboren und lehrte in Genf. Seine Anhänger werden Hugenotten genannt, was sich aus dem Französischen als Eidgenossen, nach dem Lehrort Calvins übersetzen lässt.

Doch mit dem aufkommenden katholisch geprägten Absolutismus in Frankreich kommt es zu hugenottischen Aufständen und Ludwig der XIII. entzog 1629 den Hugenotten die politischen und militärischen Rechte. Ab 1661 beginnen die massiven Verfolgungen der Protestanten. Den Höhepunkt bildet das Edikt von Fontainebleau unter Ludwig dem XIV. im Jahr 1685. Es verbietet den protestantischen Gottesdienst und ordnet die Zerstörung ihrer Kirchen an. Wer nicht zum Katholizismus konvertiert, verliert seine bürgerlichen Rechte: Er konnte keine Ehe eingehen und kein Eigentum erwerben. Es kommt zum Exodus. Rund 500 000 Hugenotten verlassen das Land. Darunter ein großer Anteil des Adels und des gewerblich aktiven Bürgertums. Wie groß die Not gewesen sein muss, zeigt sich im Wappen der 1718 errichteten französisch-reformierten Gemeinde in Offenbach. „Domine serva nos perimus" (Herr, rette uns, wir gehen zu Grunde) ist darauf zu lesen.Graf Johann Philipp gab den Hugenotten ein Stück Land in der eigens errichteten Siedlung Philippsdorf, am Rande von Frankfurt, dem heutigen Neu-Isenburg.

34 Familien ließen sich dort nieder. 46 Familien siedelten sich bis zu Beginn des 18. Jahrhunderts in der Nähe des Schlosses an, wo sie 1718 ihr eigenes Gotteshaus errichteten.

Die 1717/ 1718 erbaute Französisch-Reformierte Kirche in Offenbach am Main

Heute ist die reformierte Kirche mitten in der Stadt, doch damals lag sie am Rande, das eigentliche Offenbach erstreckte sich auf der anderen Seite des Isenburger Schlosses.

Graf Johann Philipp gewährte ihnen das Recht, ihre Gottesdienste im calvinistischen Ritus zu feiern und die französische Sprache zu sprechen. Daneben billigte er ihnen für 10 Jahre Steuerfreiheit zu. Mit den Hugenotten halten neben Gewerbetreibenden neue Handwerksberufe in Offenbach Einzug. Darunter sind: Wollfabrikanten, Strumpfweber, Seidenweber, Leinweber, Hutmacher, Posamentierer, Perückenmacher, Knopfmacher, Gerber, Gießer, Goldwirker, Goldarbeiter und Färber. Graf Johann Philipp gewährt ihnen das Recht, Manufakturen aller Arten zu errichten und zu betreiben. Namentlich erwähnt wird erstmals die Lederherstellung, daneben Manufakturen für Gold, Silber, Seide, Leinen, Wolle, Baumwolle und Hütten. In Frankfurt hingegen ist der Einfluss der Handwerker Zünfte groß und die Errichtung von Manufakturen verboten.

Die Familie Andre

Besonders gut überliefert ist die Geschichte der Familie Andre. Nach dem Edikt von Fontainebleau macht sich der erst 14jährige Gilles Andre aus dem Languedoc mit seinem Stiefvater, seiner Mutter und seinen drei Brüdern auf den Weg. Entlang der Rhone geht die Reise nach Genf. Dort sind sie sicher vor den französischen Verfolgern. Dort aber können sie nicht lange bleiben. Die Stadt ist dem Flüchtlingsstrom nicht gewachsen. Über Pforzheim zog die Familie weiter Richtung Frankfurt und kam nach Seulberg, heute ein Stadtteil von Friedrichsdorf. Die Strapazen und Entbehrungen forderten ihren Tribut. Im Januar 1688 starb Gilles Mutter. Kurz darauf verstarben sein 16 Monate alter Halbbruder Henri und sein 12jähriger Bruder Jean. Von den sechs Mitgliedern der Familie kamen nur drei in Frankfurt an. Sie verdienten ihren Unterhalt als Seidenweber und Strumpfwirker. Gilles Andre erlernte das Handwerk von seinem Stiefvater. Bereits 1699 erschien sein Name im Mitgliederverzeichnis der neugegründeten französisch-reformierten Kirche in Offenbach. Im gleichen Jahr heiratete er. Seine Frau kam ebenfalls aus einer hugenottischen Familie. 1709 zog die Familie ganz nach Offenbach. Die bei den Isenburgern gewährten Privilegien waren attraktiv. Durch Fleiß und Geschicklichkeit brachte es Gilles bald zu einem gewissen Wohlstand und konnte ein großes Wohnhaus errichten. Sein Sohn Marc wurde als Seidenfabrikat so wohlhabend, dass er seiner französisch-reformierten Gemeinde ein Wohn- und Schulhaus neben der Kirche schenkte.

Wieder eine Generation später kam durch Marcs ältesten Sohn Johann Andre (1741 – 1799) eine weitere Facette hinzu. Er war außergewöhnlich musikalisch begabt und gründete neben der Seidenweberei eine Notendruckerei. Seine musikalische Begabung gab er an seinen Sohn Johann Anton Andre (1775 - 1842) weiter. Dieser kaufte Constanze Mozart den kompletten musikalischen Nachlass des berühmten Komponisten ab. In München lernte er den Erfinder des Lithografiedrucks, Alois Senefelder, kennen. Er finanzierte ihn und überredete ihn nach Offenbach zu übersiedeln, wo er seine Erfindung erstmals im großen Stil baute. Die Hälfte der Druckmaschinen in der Notenfabrik wurden durch die moderne Steindrucktechnik ersetzt. Der Lithografiedruck wurde auch bei Künstlern sehr beliebt und trat von Offenbach aus seinen Siegeszug um die Welt an.

Die Gebrüder Bernard

Graf Johann Phillipps Nachfolger, Graf Wolfgang Ernst III. zu Isenburg, machte dort weiter, wo sein Vorgänger aufgehört hatte. Er vergab an den aus Straßburg zugezogenen Johann Nikolaus Bernard das Exklusivrecht zum Bau einer Schnupftabakfabrik. Das Privileg beinhaltete die steuerfreie Einfuhr von Rohstoffen und die ungehinderte steuerfreie Ausfuhr des Schnupftabaks. Johann Nikolaus beteiligte alsbald seinen Bruder Johann Heinrich.

Nach dessen Tod erbten seine Kinder Jeanne Rachel und Peter seinen Anteil. Johann Nikolaus nahm später den hugenottischen Unternehmer und Bankier

Jean Georg d'Orville mit an Bord, der dessen Nichte Jeanne Rachel heiratete.

Die beiden Schwäger Peter Bernard und Jean Georg d´Orville führten die Schnupftabakfabrik so erfolgreich weiter, dass sie es sich schließlich leisten konnten, ein imposantes Herrenhaus errichten zu lassen, das heutige Büsing-Palais in der Herrenstraße. Jean d´Orvilles Sohn Peter d´Orville wurde 1823 der erste, damals noch ehrenamtliche Bürgermeister der Stadt Offenbach.

Das Büsing Palais war Wohn- und Fabrikationsort der Schnupftabakfabrikanten Gebrüder Bernard

Die Juden

Fast gleichzeitig mit den Hugenotten siedelte Graf Johann Philipp Juden in Offenbach an. Lebten 1683 nur vier „Schutzjuden" in Offenbach, so waren es Im Jahr 1700 bereits 120. Bei einer Bevölkerung von damals 800 Menschen, waren das immerhin 15 Prozent der Einwohner. Sie mussten nicht wie andernorts in einem Ghetto leben, aber als sogenannte „Schutzjuden" ein hohes Schutzgeld bezahlen. Auch wurden sie nicht wie die Hugenotten, in der Nähe des Schlosses, sondern abgelegen, am damaligen Stadtrand Offenbachs angesiedelt. Ironischerweise befindet sich hier die heutige Offenbacher Innenstadt.

1707 erlaubte Graf Johann Philipp den Juden eine eigene Synagoge zu errichten, die Voraussetzung für ein eigenständiges Gemeindeleben. Ein Jahr später billigte er das Gemeindestatut. Daneben erlaubte er ihnen gegen Gebühr bestimmten Berufen, wie Krämer, Metzger oder Schankwirt nachzugehen.

Bei Renovierungsarbeiten in der Innenstadt traten Mauern der um 1729 errichteten ersten Offenbacher Synagoge zum Vorschein.

Offenbach wird zum geistigen Zentrum

Bereits 1714 erhielt der aus Frankfurt stammende jüdische Verleger Seligmann Hirz Reis die Genehmigung ein Druckhaus zu errichten. 1763 wurde dem aus Preßburg stammenden Schutzjuden Isaac Hirschel das Privileg zur Errichtung einer Druckerei von Hebräischen Schriften gewährt. Da den Juden in Frankfurt das Drucken in hebräischer Schrift verboten war, konnte sich Offenbach, so zu einem Zentrum des hebräischen Buchdrucks entwickeln. Mehr als 200 Bücher in hebräischer Schrift erschienen bis zum Beginn des 19. Jahrhunderts in Offenbach. Der Buchdruck zog naturgemäß auch die jüdischen Gelehrten an, so wie den Rödelheimer Wolf Heidenheim. Von 1788 an war er in Offenbach Herausgeber jüdischer Werke. Schnell entwickelte sich Offenbach zu einem Zentrum des Reformjudentums, dessen Einfluss weit über das damalige Deutschland hinausreichte.

Eine bedeutende Persönlichkeit war zweifellos auch Salomon Formstecher. Der 1808 in Offenbach geborene Rabbiner gilt als einer der Väter der jüdischen Reformbewegung. Von 1830 an predigte er in der Offenbacher Synagoge. Ab 1842 war er Gemeinderabbiner. Mit seiner philosophischen Studie: „Die Religion des Geistes" legte er das Fundament der Bewegung. Die Stadt Offenbach verlieh Salomon Formstecher als erstem Juden die Ehrenbürgerwürde.

Große Bedeutung erlangte auch der 1875 in Oberschlesien geborene Max Dienemann. Er hatte drei Stellenangebote bekommen, aus Berlin, Stuttgart und entschied sich für Offenbach. 1919 hielt er seine Antrittspredigt in der Offenbacher Synagoge. Dienemann war einer der angesehensten Rabbiner im ersten Drittel des 20. Jahrhunderts, nicht nur in Deutschland, sondern auch in England und Amerika, den nach Deutschland, das damals die Avantgarde im Judentum war, bedeutendsten Gemeinschaften. Noch 1935 als das dunkelste Kapitel der deutschen Geschichte schon seine Schatten vorauswarf, ordiniert er die Berlinerin Regina Jonas zur ersten Rabbinerin weltweit. Die zweite Ordination einer Frau erfolgte erst 1972 in Amerika. Heute gibt es weltweit über 400 Rabbinerinnen.

Max Dienemann wurde nach der Internierung im Konzentrationslager 1938 von der Gestapo zur Ausreise gezwungen. Er starb 1939 in Tel Aviv. Regina Jonas wurde zusammen mit ihrer Mutter 1942 deportiert. Von Theresienstadt aus kamen beide 1944 nach Auschwitz, wo sie von den Nazi-Schergen ermordet wurden.

Wirtschaftlicher Aufstieg

1803 schaffte Carl von Isenburg auf Betreiben seines Hofagenten Wolf Breidenbach als erster Staat in Deutschland die den reisenden Juden abverlangte Kopfsteuer, den sogenannten „Judenleibzoll" ab. Anfang des 20. Jahrhunderts hat die Offenbacher jüdische Gemeinde knapp 2400 Mitglieder. Darunter waren Kaufleute, Fabrikanten, Handwerker und Arbeiter. Der größte Arbeitgeber der Stadt war die Lederfabrik Mayer und Sohn. 1920 verarbeiteten rund 1200 Arbeiter täglich rund 20.000 Ziegenfelle zu Chrom-Glanz Leder.

Der 1845 geborene Ludo Mayer trat 1870 in das von seinem Vater gegründete Unternehmen ein. Dort führte er die 1892 in den USA entstandene Chromgerbung ein und perfektionierte sie. Daneben trat er als Mäzen auf und baute unter anderem die Gebäude der technischen Lehranstalten, der heutigen Hochschule für Gestaltung. Vor dem Gebäude erinnert ein nach ihm benannter Brunnen an den Mäzen. Für seine Verdienste ernannte die Stadt Offenbach Ludo Mayer 1915, an seinem 70. Geburtstag, zum zweiten jüdischen Ehrenbürger der Stadt. Ludo Mayer starb während eines Kuraufenthaltes 1917 in Bad Nauheim.

Der Ludo-Mayer Brunnen vor der Hochschule für Gestaltung

2. Vom 30jährigen Krieg bis zu der Entstehung des Großherzogtums Darmstadt

Die Rechnung der Fürsten ging auf. Bis 1715 hatte sich die Bevölkerung auf rund 1200 Menschen verdoppelt. Nach einer Zählung war sie 1784 sogar auf 4482 Einwohner angewachsen. Da die Stadt Frankfurt unter dem Einfluss der Zünfte, die Errichtung von Manufakturen nicht duldete, waren es neben den Hugenotten oft auch Frankfurter Kaufleute, die in Offenbach Fabriken bauten und die Industrialisierung vorantrieben. Zunächst blühten das Textilgewerbe und die Färberei auf. Nach deren Niedergang trat immer mehr die Lederverarbeitung an ihre Stelle. Die in Frankfurt gehandelten Rohstoffe wurden in Offenbach verarbeitet und mit hohen Gewinnspannen auf Messen verkauft. Kein Wunder, dass da so mancher Frankfurter neidisch wurde. So dürfte in diese Zeit auch der berühmt gewordene Ausruf eines Frankfurter Kaufmanns fallen: „Krieh die Kränk, Offebach! Die Staa binne se aa, die Hunde lasse se laafe." Als er sich im Winter bückte, um freilaufende Hunde mit einem Stein zu vertreiben, waren die Steine am Boden festgefroren. Die Szene schmückt heute noch einen Brunnen in der Innenstadt.

Mit dem Geld kam auch die Kultur in die Stadt. Neben Fabriken entstanden Villen mit weitläufigen Gärten. Das wohl berühmteste Liebespaar waren die Frankfurter Bankierstochter Elisabeth, genannt Lili Schönemann und der junge Johann Wolfgang von Goethe. Da die Beziehung von Lilis Vater nicht gerne gesehen war, trafen sich beide 1775 in Offenbach. Während Lili bei ihrem Onkel, dem Schnupftabakfabrikanten Nikolaus Bernard wohnte, gastierte Johann Wolfgang im naheliegenden Haus von Johann Andre. Doch Lili ahnte nichts, von dem unsteten und bindungsscheuen Charakter des Jünglings aus reichem Elternhaus. Obwohl sich das Paar verlobte, flüchtete Johann-Wolfgang direkt im Anschluss für ein halbes Jahr in die Schweiz, um danach die Verbindung zu lösen. Lili hatte die ganze Zeit keinen Zweifel und wartete auf ihn. Sie wurde schließlich Baronin von Türckheim. Was aus dem jungen Johann-Wolfgang wurde ist hinlänglich bekannt. In Offenbach erinnert heute noch der Lilitempel im Büsingpark an das Liebespaar. Doch dort können sich die beiden nie getroffen haben, den er wurde erst 23 Jahre später im Auftrag des Bankiers Metzler erbaut.

Während der napoleonischen Kriege hatte sich Fürst Carl von Isenburg dem Rheinbund angeschlossen. Ein Bund von Fürsten, die Napoleon unterstützten. Zwischen Offenbach und Frankfurt entstand eine Grenze. Doch die Freude in Offenbach sollte nicht lange währen. Nach der Niederlage Bonapartes in der Völkerschlacht bei Leipzig schaffte es Fürst Carl nicht rechtzeitig, sich von Napoleon zu distanzieren. Er verlor sein Fürstentum.

Die Sieger teilten auf dem Wiener Kongress das Land unter sich auf und Offenbach kam an Österreich. In den Asterix- und Obelix-Heften ist immer eine große Lupe zu sehen, mit der die Römer das kleine gallische Dorf auf der Landkarte suchten. So dürfte wohl auch der österreichische Kaiser sein neues Besitztum gesucht haben. Immerhin regierte er ein Großreich, mit Österreich, Ungarn und weiten Teilen Ost- und Südosteuropas. Das Rümpfen der gepuderten königlich-kaiserlichen Nasen ist zu erahnen, bei dem, was sie dort sahen. In Offenbach gab es reichlich rauchende Kaminschlote, aber noch nicht einmal ein Kaffeehaus wie in Wien oder den Vasallenstädten Budapest, Temeswar und Prag. Nein, damit konnten die Österreicher so gar nichts anfangen. Nach einem Jahr traten sie das Amt Offenbach an das Großherzogtum Hessen-Darmstadt ab.

3. Vom Großherzogtum zum Ende des Zweiten Weltkrieges

Das Großherzogtum Hessen-Darmstadt mochte kaum glauben, was ihm da vor die Füße gefallen ist. Bekam das eher landwirtschaftlich geprägte Adelshaus 1816 doch mit Offenbach die größte Industriestadt, mit Textil-, Leder-, und Tabakmanufakturen, in seinem Herrschaftsbereich. 1819 wurde Offenbach bereits als der „Handels- und Fabrikort" des Großherzogtums bezeichnet. Gemeinsam mit dem Land des Fürsten von Isenburg erwarb das Großherzogtum auch die Gebiete links des Rheins, das sogenannte Rheinhessen. Hier hatten die Franzosen bereits während ihrer Besatzungszeit die Gewerbefreiheit eingeführt und eine Industrie- und Handelskammer gegründet. Um den Standort weiter zu entwickeln bekam Offenbach 1819 ebenfalls die vollkommene Gewerbefreiheit zugesprochen. Mit einer weiteren Verfügung des Großherzogtums Hessen am 21. Juli 1821 wurde der Rahmen für die Organisation und die Arbeit der Handelskammer gesteckt. Vorbild war die Mainzer Handelskammer, die 1798 gegründet wurde. Aufgabe war es der Regierung Vorschläge zur Förderung von Handel, Werkstätten und Fabriken zu machen. Die neue Kammer sollte Handelsprobleme und Gewerbehindernisse aufzeigen und „neue Quellen des Nationalreichthums" entdecken. So konstituierte sich am 19. Oktober 1821 die Handelskammer Offenbach am Main. Sie ist eine der ältesten Industrie- und Handelskammern in Deutschland. Ihr erster Präsident war der Tabak- und Zigarrenfabrikant Philipp Casimir Krafft. Im selben Jahr wurde die Gemeindeordnung eingeführt und der Hugenotte Peter Georg d´Orville wurde der erste ehrenamtliche Bürgermeister. Acht Jahre später wurde Offenbach zur Kreisstadt ernannt. Damit konnte der liberale Geist über Offenbach hinauswachsen.

1835 fuhr zwischen Nürnberg und Fürth die erste Eisenbahn in Deutschland. Transportiert wurden: zwei Fässer Bier. Die neue Technik sollte sich schnell durchsetzen. Doch an einer direkten Zugverbindung zwischen dem Industriestandort und dem Regierungssitz Darmstadt hatte das Großherzogtum wenig Interesse. Dem Adel habe das renitente Offenbacher Bürgertum missfallen, weiß Historiker Such-Garcia während eines Vortrages über den Offenbacher Hauptbahnhof anzumerken. Kein Wunder, waren die Offenbacher doch schon jahrhundertelang bürgerliche Freiheiten gewohnt. Dass aus dieser Zeit auch der „gute Ruf" der Offenbacher Einwohner als „Pöbel und Gesocks" stammt, ist zu vermuten, aber nicht zu belegen. Die erste Bahn fuhr schließlich 1848 von Offenbach nach Frankfurt-Sachsenhausen. Wegen ihrer „komfortablen" Ausstattung und Federung wurde sie auch Knochenmühle genannt.

Von Vorteil für Offenbach war, dass die Frankfurter Zünfte lange Zeit die Errichtung von Fabriken und das Aufstellen von Maschinen zu verhindern versuchten. So siedelten sich im liberalen Offenbach neben der Textil-, Leder- und Tabakindustrie auch Maschinenbaufirmen, Druckereibetriebe und lithografische Anstalten an. Bis zur Reichsgründung 1871 hat aber auch Frankfurt sich der neuen Zeit geöffnet und sogar Arbeitskräfte aus Offenbach abgeworben. Daneben gab es in Frankfurt die jahrhundertealte Messe, die schon immer internationales Publikum angezogen hat. Ebenso hat sich bis zu dieser Zeit in Frankfurt auch das Gewerbe der Geldwechsler und Geldverleiher etabliert, das von Anfang an international agierte. Auch Frankfurt war nun eine weltoffenere Stadt.

Von der Arbeiterbewegung bis zu den Nazis

Der liberale Geist brachte aber nicht nur Verbesserungen, sondern auch prekäre Arbeits- und Wohnverhältnisse. Waren es in früheren Zeiten oft Fragen der Herkunft oder Religion, welche die Menschen trennten, so trat an deren Stelle immer mehr der soziale Unterschied. Offenbach hatte sich mit der Industrialisierung auch zu einem Zentrum der Druckindustrie entwickelt.

1834 erschien das von dem in Riedstadt geborenen Schriftsteller und Naturwissenschaftler Georg Büchner geschriebene Pamphlet: „Der hessische Landbote" im Großherzogtum Hessen-Darmstadt. Unter dem Slogan „Friede den Hütten, Krieg den Palästen", forderte er die Arbeiter zur Revolution gegen Adel und reiches Bürgertum auf. In Anlehnung an die jüdisch-christliche Schöpfungsgeschichte fragte er darin ironisch, ob die Bauern und Handwerker etwa am fünften Tag geschaffen wurden und deshalb den Tieren zuzurechnen seien, und nur die Fürsten und Vornehmen am sechsten Tag geschaffen wurden. Gedruckt wurde das Pamphlet bei Carl Preller in Offenbach.

Allerdings wurden Autor und Verleger verraten und die Obrigkeit reagierte hart. Georg Büchner flüchtete über Straßburg nach Zürich, auch Carl Preller gelang die Flucht in die Schweiz. Während der bereits mit 24 Jahren gestorbene Georg Büchner in Deutschland hauptsächlich mit dem „Hessischen Landboten" assoziiert wird, gilt er in anderen Ländern, durch sein Dramenfragment Woyzeck als einer der wichtigsten Schriftsteller der Literaturgeschichte.

1848 bildete sich der „Arbeiterbildungsverein". 1904 wird der Sozialdemokrat Leonhard Eißnert zum ehrenamtlichen Offenbacher Bürgermeister gewählt und von Großherzog Ernst Ludwig bestätigt.

Der Erste Weltkrieg und die Zeit danach bedeuteten auch für Offenbach Not, Armut und Arbeitslosigkeit. Am 9. November 1918 musste Kaiser Wilhelm abdanken. Noch am gleichen Abend bildete sich in Offenbach ein Arbeiter- und Soldatenrat. Um die Aufrechterhaltung der Ordnung zu gewährleisten, rief er zur Einrichtung einer Bürgerwehr auf. Um Menschen in Lohn zu bringen, wurden für den Bau des Maindamms arbeitslose Lederarbeiter eingestellt. Er

trägt deshalb den Spitznamen „Portefeuillerdamm".
Die Weltwirtschaftskrise in den 1920 Jahren
verschärfte die Massenarbeitslosigkeit auch in
Offenbach nochmals. Hinzu kam die Hyperinflation.

In dieser Zeit fiel der arische Rassenwahn auch in
Offenbach bei zu vielen Menschen auf fruchtbaren
Boden: Offener Hass auf andersgläubige und anders-
denkende trat offen hervor. Über 200 Stolpersteine in
der Stadt erinnern heute an ermordete Juden, Roma
und Sinti, Sozialdemokraten und Pfarrer oder andere
Menschen, die Widerstand leisteten. Alliierte Bomben-
angriffe 1943 und 1944 legten große Teile der Stadt
in Schutt und Asche. Am 26 März 1945 besetzten
amerikanische Truppen die Stadt. Offenbach war
befreit. Am 8. Mai 1945 war das „tausendjährige
Reich" mit der bedingungslosen Kapitulation
Deutschlands endgültig Geschichte. Doch der Preis
war hoch.

4. Der Neuanfang

Als amerikanische Truppen Offenbach am 26. März 1945 besetzten, war die Stadt zu 40 Prozent zerstört. Teile der Altstadt und viele historische Gebäude lagen in Schutt und Asche. Während anderen Ortes noch gekämpft wurde, begann in Offenbach der Wiederaufbau. Zwei Tage nach der Besetzung nahm die amerikanische Militärverwaltung ihre Arbeit auf. Sie setzte einen provisorischen Bürgerausschuss ein, der aus 14 Mitgliedern bestand und die Hauptgruppen der Bevölkerung repräsentieren sollte. Innerhalb eines halben Jahres wurden 329 Angestellte und Beamte der Stadtverwaltung, die der NSDAP angehörten, entlassen.

Die dringlichsten Fragen des Bürgerausschusses aber waren Ernährungslage und Versorgung der Bevölkerung mit Kleidung und Schuhen sowie natürlich die Wohnungssituation. Neben der eigenen Bevölkerung mussten zahlreiche Heimatvertriebene untergebracht werden. Die Beziehungen der Menschen aus den ehemaligen deutschen Ostgebieten und der einheimischen Bevölkerung waren nicht ohne Spannungen. Bekam die Region doch so ihre ersten „Kopftuchweibchen". Gästeführerin Monika Krämer, deren Mutter aus dem Egerland kommt, weiß aus deren Erzählungen, dass die Offenbacher Carl-Ulrich-Siedlung, die ab 1956 errichtet wurde, bei den Einheimischen den spöttischen Beinamen „Kopftuchsiedlung" hatte. Besonders die älteren Frauen aus den traditionsgeprägten Ostgebieten, dachten gar nicht daran, dieses traditionelle Kleidungsstück abzulegen, das im Westen nur noch bei schlechtem Wetter aufgesetzt wurde.

Wohl der Lage Offenbachs ist es zu verdanken, dass sich am Main ein wichtiges, aber kaum beachtetes Kapitel Nachkriegsgeschichte abspielte. Auf dem Gelände der ehemaligen IG Farben errichtete die amerikanische Militärregierung das „Offenbach Archival Depot". Hier wurden von den Nazis geraubte

Bücher, Kunst und Ritualgegenstände, die geborgen werden konnten, gesammelt. Sie sollten anschließend an ihre rechtmäßigen Besitzer oder deren Nachfahren zurückzugeben werden. Zwischen März 1946 und Juni 1949 wurden hier rund 3,5 Millionen Bücher und Ritualgegenstände, darunter mehrere hundert Thorarollen dokumentiert.

Das Leben normalisierte sich langsam. Kaum mehr als ein Dutzend Überlebende des Rassenwahns von ehemals über 900 jüdischen Einwohnern finden sich im Sommer 1945 zusammen, um wieder eine jüdische Gemeinde zu gründen. 1956 wird die neue Synagoge an der Kaiserstraße eingeweiht. Sie ist die erste in Hessen nach der Massenvernichtung.

Die 1956 eingeweihte Synagoge in Offenbach war die erste neuerrichtete Synagoge in Hessen nach dem Holocaust.

Die zwischen 1913 bis 1916 errichtete Synagoge ersetzte das zu klein gewordenen Gotteshaus in der Innenstadt. Sie wurde in der Reichspogromnacht geschändet und dient heute als kultureller Veranstaltungsort.

1949 wurde in der ehemaligen Synagoge, dem heutigen Capitol, die erste Lederwarenmesse unter dem Titel „Lederwarenindustrie und Marshallplan" abgehalten und eine Messegesellschaft gegründet. Bereits ein Jahr später nahmen bereits 155 Lederwarenfirmen daran teil.

1948 fand das erste Volkskonzert vor den Ruinen des Büsing-Palais statt, zu dem 3000 Menschen kamen.

Die sogenannten goldenen 1950er Jahre brachten den wirtschaftlichen Aufschwung und es wurde händeringend nach Arbeitskräften gesucht. 1955 unterzeichnete Deutschland das erste Arbeitskräfte-Anwerbe-Abkommen mit Italien. Bis 1964 folgten Abkommen mit Spanien, Griechenland, der Türkei, Marokko und Portugal. Sie haben das Bild der Stadt für immer verändert. Heute haben rund zwei Drittel aller Einwohner Offenbachs einen Migrations-hintergrund. Es leben Menschen aus über 160 verschiedenen Nationen in der Stadt. Viele haben sich hier eine neue Heimat aufgebaut.

5. Salvatore Milazzo - einer der ersten Gastarbeiter

Einer der ersten, der im Jahr 1956 in Deutschland zum Arbeiten eintraf, war der Italiener Salvatore Milazzo. Seit 1967 lebt er in Offenbach. 2006 gewährte der damals 71jährige der Offenbach Post einen Einblick in sein Leben. Dieser Bericht soll hier stellvertretend wiedergegeben werden. 2021 ist Salvatore Milazzo 86 Jahre alt. Seinen Kleingarten musste er mittlerweile aus gesundheitlichen Gründen aufgeben. Aber zum Skat spielen mit den alten Kleingarten-Nachbarn geht er einmal wöchentlich immer noch.

Über Frankreich, England und die Schweiz nach Offenbach

Geboren ist Salvatore Milazzo in Sizilien. „Die 1950er Jahre waren die Zeit, als der Tourismus nach Italien kam," weiß er zu berichten. Salvatore arbeitete als Kellner und es war ein Gebot der Zeit, ins Ausland zu gehen, um die Sprachen zu lernen. Als 21-jähriger kam Salvatore Milazzo über die Zentralstelle für Arbeitsvermittlung 1956 erstmals nach Deutschland. Er arbeitete in einem Hotel in Idar-Oberstein.

Beeindruckt hat ihn als junger Mann, dass hier der Umgang mit dem anderen Geschlecht lockerer war als im konservativ katholischen Sizilien und dass die Bürokratie geordnet war und nicht so chaotisch wie in seiner Heimat. Zwar hat er auch Ressentiments zu spüren bekommen, aber besonders am Arbeitsplatz war das Klima sehr kollegial und aus Kollegen wurden bald Freunde. In Deutschland fühlte er sich als Italiener mehr akzeptiert als in England, Frankreich oder der Schweiz. So arbeitete er neben den anderen Ländern immer wieder in Deutschland.

„Das war auch die damalige Situation", erzählt Salvatore. „Sie haben in Deutschland in der Zeitung ein Stellengesuch aufgegeben und bekamen sofort 40 Angebote. Das war in den anderen Ländern nicht so. 1960 arbeitete er in einem Hotel in Hamburg und lernte seine spätere Frau Regina kennen, die als Fremdsprachensekretärin im Export tätig war. Ein halbes Jahr arbeitete er danach noch in England und hielt fleißig Briefkontakt. Schließlich gingen beide zusammen in die Schweiz. Ein Jahr nach dem ersten Treffen gaben sie sich das Ja-Wort. 1964 kam Tochter Silvana zur Welt.

Von Sizilien ausgezogen, um Sprachen zu lernen und als redegewandter Kellner zurückzukehren, hat Salvatore Milazzo seine Heimat später nur noch im Urlaub wiedergesehen. „Die Arbeit im Gastgewerbe war damals hauptsächlich Saisonarbeit und eine Stelle im Hotel in Mailand oder Turin war kaum zu bekommen", berichtet Salvatore Millazzo. „Wenn sie jung und flexibel waren, haben sie im Sommer im Süden und im Winter in den Alpen gearbeitet, aber ich hatte dann ja eine Familie und konnte nicht umherziehen", sagt der 71-jährige rückblickend. Nach Offenbach kam die Familie 1967. Salvatore arbeitete im Interconti Hotel in Frankfurt, doch dort war keine Wohnung zu bekommen. „Außerdem", so fügt Regina Milazzo an, „haben wir in Offenbach sofort einen Kindergartenplatz bekommen und ich konnte wieder arbeiten gehen, das war in Bad Homburg, wofür wir uns auch interessierten, nicht so." Noch einmal wechselte Salvatore Milazzo den Job und ging 1978 zur Deutschen Bank an den Empfang und später ins Archiv. Seinen Lebensmittelpunkt in Offenbach hat er aber seit 1967 beibehalten.

Mittlerweile schlagen längst zwei Herzen in Salvatore Milazzos Brust. So spielt er Skat und verbringt seine Freizeit im Gartenverein. Beim Fußball allerdings drückt er weiterhin den italienischen Teams die Daumen. Manchmal vermisst er die Piazza, die Atmosphäre einer italienischen Kleinstadt. Mit seiner Frau ist er früher im Urlaub nach Italien gefahren und hat das Land bereist, heute muss dafür die Gesundheit mitspielen. Mit seinem Geburtsort verbindet ihn nichts mehr, dort kennt er niemanden mehr. Auch Kochen gehört zu den Hobbys von Salvatore Milazzo, am liebsten natürlich frisch und italienisch mediterran. Zwei Mal die Woche besucht er den Markt am Wilhelmsplatz. In seinem Garten wachsen Tomaten und Zucchini. Hierher zieht er sich auch gerne zum Lesen zurück. Seiner Bücher handeln unter anderem von Italien, seinen Landschaften und Kulturdenkmälern. Eigentlich wollten er und seine Frau Regina ihren Lebensabend im sonnigen Süden verbringen, doch jetzt sind da auch die Enkelkinder Sean und Zoe und die brauchen die Großeltern, also bleiben beide in Offenbach.

Zweiter Teil: Und heute?

Noch immer kommen Menschen hierher, oft nicht freiwillig, sie nehmen ihr Schicksal an und bauen sich eine neue Zukunft auf. Da jede der Personen gleichermaßen Respekt verdient, soll hier nicht gewichtet werden. Die Porträts sind alphabetisch sortiert.

- **Ivanka Baraschka**

- **Naime Demirezen**

- **Adem Husic**

- **Ali Karakale**

- **Michael Karminsky**

- **Mahshid Najafi**

- **Nadia Qani**

Ivanka Barashka

„Ich wollte nie etwas anderes machen"

Mitten im Umbruchchaos Anfang der 1990er Jahre in den Ländern des ehemaligen Ostblocks, arbeitet Ivanka Barashka als Zahnärztin in Bulgarien. Ihr Mann ein Balletttänzer findet nur eine Anstellung in Brandenburg. 1993 entschließt sie sich, zu ihm zu ziehen. Doch bevor sie wieder als Zahnärztin arbeiten darf, muss sie einen mehrjährigen Hindernissparcour überwinden.

Aufgewachsen ist die heute 61-Jährige in der Stadt Montana in Nordbulgarien. Ihre Eltern waren beide Lehrer und irgendwie war in der Familie immer klar, dass sie und ihre Schwester auch einmal studieren werden. Nach dem Abitur habe sie zwischen Medizin und Zahnmedizin geschwankt. „Bei den Zahnmedizinern konnten wir aber sofort praktisch etwas tun. Im ersten Jahr hatten wir Materialkunde und haben an Modellen gearbeitet, schon im zweiten Jahr behandelten wir Patienten", erzählt sie. Nach dem Studium arbeitete sie im Ort ihrer Eltern. So konnte sie weiter tätig sein, als 1988 Tochter Krassimira auf die Welt kam. Ihre Eltern kümmerten sich um ihre Enkelin, wenn die Mutter arbeiten musste. Ihr Mann war Balletttänzer und fand seine nächste Anstellung im Theater in Dessau, später im Theater in der Stadt Brandenburg an der Havel. Sie führten eine Fernbeziehung. Das Gesundheitswesen in Bulgarien war zwar zu dieser Zeit noch staatlich, aber marode. Es hat hinten und vorne gefehlt, erinnert sie sich. Selbst Spritzen konnte sie sich nur über Beziehung aus einer Poliklinik beschaffen. Als Krassimira fünf Jahre alt wurde, musste sich das Paar entscheiden, wo es leben wollte und wo die Tochter eingeschult werden sollte. „Da mein Mann auf keinen Fall zurück nach Bulgarien gehen wollte, bin ich 1993 zu ihm nach Brandenburg gezogen", erzählt Ivanka. Mit der Sprache hatte sie kein Problem, da sie in Bulgarien auf ein deutschsprachiges Gymnasium gegangen war.

Der Neuanfang in Deutschland

Ihr Mann hatte eine unbefristete Aufenthaltserlaubnis und so, bekam auch sie sofort ein Visum sowie eine Arbeitserlaubnis. Sie begab sich sofort auf Arbeitssuche. Doch als Zahnärztin war sie hier nicht anerkannt. Beim 33. Zahnarzt in Berlin bei dem sie sich vorstellte, bekam sie schließlich eine Stelle als Zahnarzthelferin. Hier stellte sich heraus, dass sie zwar in Berlin als Zahnärztin hätte arbeiten dürfen, aber in jedem anderen Bundesland musste sie zunächst als Assistentin arbeiten und nochmals die Prüfung ablegen. Da absehbar war, dass die Gesetze auch in Berlin geändert werden, legte ihr Chef ihr nahe, die Prüfung nochmals zu machen. Auch ihre Ehe hielt nicht, was die Fernbeziehung einstmals versprochen hatte. Ivanka Barashka suchte sich eine Stelle als Assistentin außerhalb Berlins und fand schließlich einen Zahnarzt in Neuwied, bei dem sie anfangen konnte.

Um finanziell als alleinerziehende Mutter über die Runden zu kommen, jobbte sie nach der Arbeit in einem Restaurant und suchte sich Putzstellen. „In der Mittagspause bin ich immer nach Hause und habe nach Krassimira geschaut", erzählt sie. Außerdem hätten in dem Haus in dem sie eingezogen war, nur Rentner gewohnt, die froh gewesen seien, wenn sie etwas zu tun hatten und gerne nach Krassimira schauten. Nach eineinhalb Jahren machte sie die Prüfung zur Zahnärztin und begab sich auf Arbeitssuche. Doch in Rheinland-Pfalz gab es keine

Stelle. 1998 wurde Ivanka in Offenbach-Bürgel fündig, bei einem Zahnarzt, der sie nahm. Sie zog in die Stadt am Main.

Das böse Erwachen

Als sich Ivanka nun am Ziel sah, folgte das böse Erwachen. Das zuständige Amt versagte ihr die Zulassung. In Hessen durfte sie als Zahnärztin nur arbeiten, wenn sie Deutsche war, deutschstämmig oder mit einem Deutschen verheiratet. „Oft habe ich mir zu dieser Zeit überlegt, zurück nach Bulgarien zu gehen. Ich habe meine Eltern sehr vermisst. Doch was sollte ich machen, Krassimira war bereits in der fünften Klasse. Sie hätte in Bulgarien nie den Anschluss geschafft", berichtet sie rückblickend. Eine Scheinehe eingehen, nur um als Zahnärztin arbeiten zu können, das wollte Ivanka Barashka nicht. Zu ihrem Glück wurde zu dieser Zeit das Staatsbürger-schaftsrecht geändert und die damals 38-Jährige stellte fest, dass sie nur noch ein Jahr benötigte, um die deutsche Staatsbürgerschaft beantragen zu können. Also suchte sie wieder eine Stelle als Zahnarzthelferin und wurde beim Privatdozenten Dr. Dr. Rainer Rahn in Frankfurt fündig, der sie auch privat sehr unterstützt hat. Immer wenn sie weg musste, wegen der Schule ihrer Tochter oder wenn sie nicht kommen konnte, weil die Kleine krank war hatte er Verständnis. Daneben arbeitete sie in der Buchhaltung des Internationalen Bundes. 2001 beantragte sie die deutsche Staatsbürgerschaft. Trotzdem musste sie noch eineinhalb Jahre warten, bis sie die ersehnte Urkunde in den Händen halten konnte. Ihre Tochter habe auf dem Gymnasium schon manchmal gesagt bekommen, „deine Klamotten sehen aus wie vom Flohmarkt". „Aber bei den wichtigen Dingen wie Klassenfahrten hat mich auch mein Chef unterstützt, doch für Luxus oder Markenkleidung hatten wir keine Geld", berichtet Ivanka. Mühsam sparte sie sich die Kosten für den Ballettunterricht ihrer Tochter ab. Auch mit Eislaufen hatte ihre Tochter in der Grundschule angefangen, doch dann konnte Ivanka die Kosten nicht mehr tragen. Erst kurz vor ihrem 18. Geburtstag konnte

41

Krassimira wieder mit dem Schlittschuhlaufen anfangen. Da sich viele Trainer jedoch lieber mit jüngeren Kindern befassten, weil diese noch anders formbar seien, brauchte sie lange, um jemandem zu finden. Schließlich war die Suche aber doch noch erfolgreich. Nachdem ein geeigneter Kandidat gefunden war, gründete sie zusammen mit einigen Mitstreitern den ersten Offenbacher Eissportverein.

Die eigene Praxis

Nach all dem Hin- und Her war in Ivanka Barashka der Entschluss gereift, dass sie eine eigene Praxis eröffnen wollte. Also machte sie das dafür notwendige 2. Assistentenjahr bei Dr. Dr. Rahn und konnte schließlich 2003 in der Mainstraße in Offenbach eine eigene kleine Praxis übernehmen. Sie kaufte sich ihr erstes Auto, einen Mazda. „Die Bank wolle mir gleich das Geld geben, damit ich mir einen BMW oder Mercedes kaufen kann. Doch wofür? Ich muss das Geld ja auch zurückzahlen", sagt sie weiterhin bescheiden. In dieser Zeit wohnte sie mit ihrer Tochter in einer kleinen Zwei-Zimmer Wohnung in Offenbach Bürgel.

Als nach 2010 sehr viele Arbeitskräfte aus Bulgarien nach Deutschland strömten, war sie eine vielgesuchte Ansprechpartnerin für Politik und Institutionen. Auch ihre Landsleute kamen gerne zu ihr. Doch die einfachen Arbeiter waren oft nicht versichert und mussten sich eine Behandlung in Raten abstottern. Obwohl damit nicht viel Geld zu verdienen war, arbeitete sie trotzdem mit Engagement. „Ich wollte nie etwas anderes machen als Zahnärztin zu sein", sagt Ivanka Barashka und erklärt damit, warum sie nicht aufgegeben hat.

Sie blieb weiter bescheiden, denn es galt die Ausbildung ihrer Tochter zu finanzieren. Krassimira trat in die Fußstapfen ihrer Mutter und studierte ebenfalls Zahnmedizin. Wegen des in Deutschland hohen Numerus Clausus studierte sie im Heimatland ihrer Mutter, in Bulgarien. Mittlerweile ist Bulgarien EU-Mitglied und die Schwierigkeiten in Deutschland zu arbeiten hatte Krassimira nicht mehr. Sie musste ihr Studienzeugnis übersetzen lassen und hatte innerhalb weniger Wochen die Anerkennung als Zahnärztin. Ihre zwei Assistentenjahre, um als Zahnärztin praktizieren zu dürfen, absolvierte Krassimira bei ihrer Mutter. Da die Praxis in der Marienstraße für zwei Zahnärztinnen zu klein war, suchten sie etwas Größeres. Seit Anfang 2019 betreiben Mutter und Tochter eine Gemeinschaftspraxis in Frankfurt auf der Zeil und auch ein Umzug in eine größere Wohnung war nun endlich möglich.

Naime Demirezen

„Tapferes Schneiderlein" mit großem Herz

Trotz sehr guter Schulnoten durfte Naime Demirezen in Deutschland nicht aufs Gymnasium gehen. Ihr Mathetalent, gepaart mit einer kreativen Ader, verhalfen ihr aber später dazu, trotzdem eine gute Geschäftsfrau zu werden. Zuerst betrieb sie erfolgreich ein Nähgeschäft mit mehreren Angestellten, später ein Back-Café. Die Bildung, die ihr einst verweigert wurde, gibt sie heute an andere Migrantinnen weiter. An der Waldschule in Offenbach gründete sie das Projekt „Mama lernt Deutsch". 2016 erhielt sie den Integrationspreis der Stadt Offenbach.

Naimes Vater besaß ein großes Hofgut in der Provinz Kayseri in Anatolien. Dort wurde sie mit ihren sechs Geschwistern groß. Im Hofgut gab es alles, Felder, Tiere und sechs oder sieben Angestellte. Auch ihre Onkel arbeiteten auf dem Hofgut mit. Selbst ein Backhaus habe es dort gegeben, schwärmt sie noch heute. Was fehlte war Geld. Ihr Vater wollte das Gut modernisieren und einen Traktor kaufen. Um das zu finanzieren, ging er als Gastarbeiter nach Deutschland. Da Naime zwei große Schwestern hatte, musste sie auf dem Hof kaum helfen und konzentrierte sich auf die Schule. „Ich war eine richtige Streberin", sagt sie lachend. Besonders Mathe habe ihr gelegen. Nach der Grund- und Mittelschule soll sie in der Provinzhauptstadt Kayseri auf ein Handelsgymnasium wechseln. Die dortigen Lehrer waren besonders wegen ihres Mathetalents sehr an ihr interessiert. Doch dann kam 1980 der Militärputsch in der Türkei. Ihr Vater hatte Angst um die Familie und die Hoffnung auf Besserung verloren. Er holte zunächst Naime und ihren ältesten Bruder zu sich nach Frankfurt. Naime sollte hier ihr Abitur machen und studieren. In seiner Zeit in Deutschland hatte er sich vom Bauhilfsarbeiter zum Polier hochgearbeitet.

Ankunft in Deutschland

War sie als 15-Jährige noch voller Neugier und Vorfreude auf Deutschland, folgte dann umgehend der Schock. In der Türkei war ihr Zuhause umgeben von Bäumen, Feldern und Tieren, doch in Deutschland fand sie sich zunächst in einer Ein-Zimmer-Wohnung in der Nähe des Frankfurter Hauptbahnhofs wieder. „Es war die Hölle, ich habe viel geweint und wollte nur zurück", erzählt Naime. Doch ihr Vater habe ihr klar gemacht, dass es kein Zurück gäbe, dass er auch den Rest der Familie nach Deutschland holen wolle. Schon bald findet er eine Drei-Zimmer-Wohnung in Offen-bach. Naime soll auf der Volkshochschule Deutsch lernen. Das sei damals noch richtig teuer gewesen. Rund 4000 Mark, das dürfte heute 6000 Euro ent-sprechen, habe ihr Vater dafür bezahlt. Schon nach drei Monaten verlangt er von Naime, ein amtliches Schriftstück zu übersetzen, um ihren Ehrgeiz anzu-stacheln. Parallel lassen sie Naimes Schulzeugnisse übersetzten und reichen sie beim Regierungs-präsidium in Darmstadt zur Anerkennung ein. Vor dort kommt auch die Zustimmung für den Besuch des Gymnasiums. Doch der damalige Schulamtsleiter in Offenbach stellt sich quer. Ein türkischer Schul-abschluss würde allenfalls zum Besuch der Haupt-schule ausreichen, befindet er. Naime kommt auf die Schillerschule, die als Gesamtschule schon damals Haupt- und Realschule ist. Auch hier ist der Schulleiter skeptisch und unterzieht sie einem Test in Deutsch und Mathe. Obwohl das Ergebnis sehr gut ist, lässt er sie in die neunte Klasse zurückversetzen. „Die anderen waren alle viel jünger als ich und das was dran kam, war langweilig, das konnte ich ja alles schon" erzählt die 56-Jährige. Sie verlässt die Schillerschule ohne Abschluss und geht stattdessen zum Arbeitsamt, um eine Ausbildung zu machen.

Ausbildung zur Schneiderin

Auf dem Arbeitsamt eröffnet man ihr, dass eigentlich nur eine Ausbildung zur Schneiderin oder zur Friseuse in Frage kommt. Naime entscheidet sich für die Schneiderausbildung und hatte Glück. Ihre Ausbilderin in der Firma Jascheck ist Bekleidungsingenieurin und bringt Naime mehr als nur Nähen bei. Sie musste die Eignung von Textilien erkennen, machte Qualitätskontrollen und entwarf Muster. Daneben lernte sie ihren heutigen Mann kennen und heiratete ihn. Nach ihrer Ausbildung bekommt sie eine Stelle im Gelben Haus bei der Caritas. Dort gibt sie zunächst Nähkurse für andere Migrantinnen. Mit der Leiterin Frederike Steven versteht sie sich gut. Zu den Näh- kommen Koch- und Sprachkurse. Der Bedarf war enorm, erinnert sich Naime Demirezen.

Selbstständigkeit

Als 1988 ein Handarbeitsgeschäft in der Neusalzer Straße zum Verkauf stand, entschließt sie sich dennoch zur Selbstständigkeit. Sie nimmt einen Kredit auf und übernimmt das Geschäft. Mit dem, was sie in ihrer Ausbildung gelernt hat, stellt sie den Betrieb um. Hatten die Vorbesitzer nur das Material wie Wolle verkauft, so bot sie an, wenn Kundinnen mit bestimmten Vorstellungen kamen, es auch gleich auf Maß zu nähen. Schon bald beschäftigte sie drei Mitarbeiterinnen und für Wollarbeiten hatte sie drei Heimarbeiterinnen. Der Name „Naimes Nähstub" wurde zur Marke berichtet sie, es seien Kunden aus Dietzenbach und Frankfurt gekommen. Auch der schlechte Ruf, der Neusalzer Straße als sozialschwaches Milieu hinderte sie nicht. Diejenigen von weiter weg, seien wegen den Maßanfertigungen gekommen und die Anwohner mit wenig Geld wegen Änderungen. Auch ihr Talent für Mathe sie ihr zugute- gekommen. „Ich konnte gut kalkulieren und hatte

Ausgaben und Einnahmen immer im Blick. Außerdem habe ich meine Buchhaltung selbst gemacht, das hat mir damals viel Geld gespart", erzählt Naime Demirezen.

Nach elf Jahren in Naimes Nähstube wird sie schwanger und bringt zwei Mädchen zur Welt, Zwillinge. Sie möchte sich um ihre Kinder kümmern und verkauft die Nähstube an einen Mitarbeiter. Da ihr Mann als Chemiker arbeitet, ist das möglich. Doch mit drei Jahren kommen die Kleinen in den Kindergarten und Naime fällt erst einmal in ein Loch. Sie fühlt sich nicht mehr ausgelastet und möchte wieder etwas tun. Da trifft es sich gut, dass ihr ehemaliger Mitarbeiter mit der Nähstube nicht zurechtkommt und sie bittet, das Geschäft zurückzukaufen. Doch Naime Demirezen möchte etwas Neues machen. Sie eröffnet in den Räumen eine Bäckerei mit einem kleinen Café. Direkt daneben befindet sich ein Schlecker Drogeriemarkt mit 300 Quadratmetern Verkaufsfläche. Nach der Pleite des Drogerieunternehmens sieht sie die Gelegenheit sich zu vergrößern und neben der Bäckerei ein richtiges Café zu eröffnen. Doch erneut muss sie kalkulieren. Die Auflagen an ein Café in dieser Größenordnung, zum Beispiel die Zahl der zur Verfügung stehenden Parkplätze, sind für sie nicht umsetzbar. Sie baut ein Lager und ein Kühlhaus ein und verkleinert die Fläche des Cafés auf 119 Quadratmeter. So kann sie die Auflagen erfüllen.

Mama lernt Deutsch

Als ihre zwei Töchter in der Waldschule in Offenbach eingeschult werden, bemerkt sie, wie Mütter auf dem Elternabend in der Waldschule unbeteiligt dabeisitzen. Schnell merkt sie, dass die Frauen die Sprache nicht verstehen. Zusammen mit der Vorsitzenden des Betreuungsvereins, Gertrud Marx, ruft sie das Projekt „Mama lernt Deutsch" ins Leben. Sie gibt ehrenamtlich Deutschunterricht und bringt anderen Müttern Lesen und Schreiben bei.

Dabei kommt ihr ihre Erfahrung aus der Arbeit im Gelben Haus der Caritas zugute. Der Zuspruch war enorm berichtet Naime Demirezen. Schnell waren 20, 25, am Ende sogar 35 Mütter dabei, die Deutsch lernen wollten. Das Projekt wurde schließlich von Bürgermeisterin Birgit Simon und der VHS an allen Offenbacher Grundschulen etabliert. Doch dabei blieb es für Naime nicht. Sie wird Vertrauensperson für die oft isoliert lebenden Mütter, erfährt von Problemen und häuslicher Gewalt. Naime Demirezen, begleitet sie ins Frauenhaus und zum Arzt, organisiert Veranstaltungen über die Rechte von Frauen in Deutschland. Dafür wird ihr 2016 der Integrationspreis der Stadt Offenbach verliehen. Heute ist sie Dozentin an der Volkshochschule für das Projekt „Mama lernt Deutsch". Daneben wird sie politisch aktiv, sie tritt in die SPD ein und lässt sich in den Ausländerbeirat wählen. Ihr wichtigstes Anliegen aber bleibt die Bildung von Migranten. Mit glänzenden Augen berichtet sie von einer 65jährigen Marokkanerin, die sie trotz ihres hohen Alters bat: „Bitte bring mir Lesen und Schreiben bei".

Im Gegensatz zu ihrer Mutter tragen ihre Töchter kein Kopftuch. „Das mit dem Kopftuch müssen die Mädchen für sich selbst entscheiden. Schließlich habe ich mich auch erst mit 33 Jahren dafür entschieden", sagt" die 56-jährige. Bildung ist ihr wichtiger. „Wir haben es damals sehr schwer gehabt, aber wir müssen dafür kämpfen, dass es die nachfolgenden Generationen leichter haben", sagt Naime Demirezen.

Adem Husic

Flüchtling als Retter eines traditionellen Offenbacher Schuhmachergeschäftes

Als 13-Jähriger kam Adem Husic 1992 mit seinen Eltern als Bürgerkriegsflüchtling aus Bosnien nach Offenbach. 2015 übernahm er als Schuhmachermeister seinen Ausbildungsbetrieb. Doch der Weg dahin war steinig.

Sein Vater fand als gelernter Maurer in Offenbach sofort eine Anstellung. Adem besuchte für ein Jahr eine Intensivklasse, in der er Deutsch lernte. Danach ging er in die 9. Klasse der Ernst-Reuter-Schule in Offenbach-Bürgel und machte ein Jahr später seinen Hauptschulabschluss. In seiner Freizeit spielte er oft mit seinen neu gewonnenen Freunden am Bürgeler Mainufer Fußball. Er wurde hier heimisch. Es war nicht nur die schmerzhafte Erinnerung an den Bürgerkrieg, weshalb er nicht zurück nach Bosnien wollte. „Es ist ja das Alter, wo man Schwimmbad und Kino für sich entdeckt. Dinge, die es in unserem Dorf in Bosnien nicht gab. Es ist auch die Zeit in der man die erste Freundin hat oder anfängt, sich für Mädchen zu interessieren", erzählt er. Beim Fußball seien immer auch Mädchen dabei gewesen, aber: "die haben sich eher einen von uns ausgesucht und angemacht als umgekehrt", sagt er schmunzelnd. Seine erste Freundin lernt er schließlich mit 15 im Schwimmbad in Hanau kennen.

Der Hauptmann von Köpenick lässt grüßen

Sein Vater hingegen wollte immer zurück nach Bosnien. Aber als gelerntem Maurer war es ihm wichtig, dass Adem vorher eine Ausbildung macht, möglichst eine handwerkliche. Während der Hauptschule hatte er ein Praktikum im Betrieb seines Vaters gemacht und ein sehr gutes Zeugnis erhalten. „Ich war die ganze Zeit davon überzeugt, dass ich Maurer werde, wie mein Vater", so Adem. Doch als Bürgerkriegsflüchtling hatte er nur eine Aufenthaltsgenehmigung von einem halben Jahr, die er immer wieder verlängern musste. Das war dem Bauunternehmen, in dem sein Vater arbeitete, zu riskant. Es lehnte ihn als Auszubildenden ab. Voraussetzung für eine Verlängerung der Aufenthaltsgenehmigung aber war ein Ausbildungsvertrag. „Wir investieren jetzt Geld in dich und später haben wir nichts davon, weil du ausreisen musst", bekam er allerorten zu hören. Ismet Velagic, der Vorsitzende der bosnischen Gemeinde erinnert sich, dass zu dieser Zeit viele junge Leute an dieser Hürde gescheitert sind und nach Bosnien zurückgeschickt wurden. Sein Vater konnte ihn bei der Suche nach einem Ausbildungsplatz nicht unterstützen, da er kam Deutsch sprach. „Ich bin schließlich von Geschäft zu Geschäft gegangen und habe persönlich gefragt, ob die nicht einen Lehrling brauchen. Damals hätte ich alles gemacht, Hauptsache eine Ausbildung. Heute bin ich mit Herz und Seele Schuhmacher, sonst hätte ich den Meister nicht gemacht", erinnert er sich rückblickend. Seine Augen beginnen zu leuchten. „Jedes Paar Schuhe ist anders abgelaufen. Man braucht immer wieder Ideen wie man das Problem lösen kann", so Adem Husic

Die Chance

Schließlich sprach er bei Helfried Trost vor. Der Schuhmacher war weit über Offenbach hinaus bekannt und wurde auch als Hans Sachs von Offenbach bezeichnet. Er reparierte nicht nur ausgetretene Fußbekleidung, sondern trat auch im historischen Gewand auf dem Hessentag und auf Mittelaltermärkten als Schuhmacher auf. Daneben fertigte er Repliken für das deutsche Ledermuseum und hatte seine eigene Sicht auf die Dinge. Er schlug Adem vor, neben der Schule erst einmal zwei Wochen Praktikum bei ihm zu machen, um zu sehen, ob ihm der Beruf überhaupt liegt und ob man miteinander klarkommt. Von ihm hat Adem nicht nur seine Liebe zu kaputtem Schuhwerk geerbt. Helfried Trost half auch. Er vermietete ihm und seinem Vater eine Dachwohnung in seinem Haus in Mühlheim. Daneben forderte er von dem neuen Auszubildenden auch einiges. Da Adems Deutschkenntnisse nach einem Jahr Intensivklasse nur rudimentär waren und er als angehender Schuster sehr viel Kundenkontakt hatte, musste er neben der Ausbildung zweimal die Woche Deutschkurse bei der Volkshochschule belegen und nach Feierabend Vokabeln büffeln. „Na gut, man muss auch wollen", sagt Adem heute. Für seine erste Freundin aus Hanau blieb kaum Zeit. „Wir konnten uns, wenn überhaupt, nur am Wochenende sehen", berichtet er.

Warten auf das Familienglück

Seine heutige Frau lernte er während seiner Ausbildung in einem Frankfurter Kulturverein kennen. Auch sie kommt aus Bosnien. „Sie war 16 ich war 18" erinnert er sich. Während man sich einerseits integrieren wollte, wurden zu Hause doch die bosnischen Traditionen gelebt. Da sei es wichtig gewesen, jemanden zu haben, der das versteht. Doch während er als Geselle übernommen wurde und bleiben konnte, musste sie Deutschland im Jahr 2000 verlassen. Ihre Ausbildung als zahnärztliche Fachangestellte konnte sie nur beenden, weil sie die Ausbildungsprüfung vorziehen konnte. Im selben Jahr verstarb Helfried Trost. Adem arbeitete weiter als Geselle und machte die Meisterprüfung. 2002 bekam er die dauerhafte Aufenthaltsgenehmigung und heiratete seine Freundin in Bosnien. Über die Familienzusammenführung konnte sie zu ihm nach Offenbach zurückkehren. Auch hier half Margarethe Trost, die Witwe des Schuhmachermeistes und bot dem jungen Paar eine Erdgeschosswohnung im Haus in Mühlheim an. Aus dem Angestellten- war längst ein familiäres Verhältnis geworden.

Auszug und Rückkehr

Als sich Adem Husic 2011 die Gelegenheit bot, ein eigenes Schuhmachergeschäft in Bad Vilbel zu übernehmen, zog die junge Familie in die rund 20 Kilometer entfernte Stadt der Quellen. Seine Tochter war damals gerade zwei, sein Sohn ein Säugling. Doch das Geschäft in Offenbach geriet unter der neuen Geschäftsführung immer mehr in wirtschaftliche Schieflage. Als 2015 die Insolvenz absehbar war, sprach ihn Margarethe Trost an, ob er sich vorstellen könne, das Traditionsgeschäft zu übernehmen. Für Adem Husic war es gar keine Frage und er sagte sofort zu. Fortan führte er zwei Schuhmachergeschäfte und pendelte zwischen Offenbach und Bad Vilbel. Wenn er nicht in Bad Vilbel war, halfen in Bad Vilbel eine Halbtagskraft und seine Frau im Verkauf. In Offenbach gab es einen Auszubildenden und bei Bedarf stellte sich Margarethe Trost hinter den Tresen. Adem brachte das Offenbacher Geschäft wieder zum Laufen. Doch der Druck sei sehr groß gewesen, erinnert er sich. „Die Kunden wollten immer, dass der Chef präsent ist", so Adem. Drei Jahre später stellten er und seine Frau im Urlaub fest, dass es so nicht weitergehen kann. Zumal ihn seine Kinder kaum noch sahen. Vor dem Gespräch mit Margarethe Trost hatte er trotzdem Bammel wie er berichtet. Doch zu seiner Überraschung stellte sich heraus, dass sie sich eher Angst um seine Gesundheit machte. Sie sah, unter welchem Druck er stand. Ihr eigener Mann war mit nur 56 Jahren an einem Hirnschlag verstorben. Sie eröffnete ihm, dass sie sich mit dem Gedanken trage, das Haus in der Innenstadt zu verkaufen, um mit 69 Jahren endlich ihren Ruhestand genießen zu können.

Zukunft

Am 1. Oktober 2018 schloss das Traditionshaus in Offenbach endgültig. Adem Husic hat einige Maschinen nach Bad Vilbel mitgenommen. Hier braucht er nun keine Angestellten mehr. Seine Frau arbeitet mittlerweile in einem Schuhgeschäft mit dem die Werkstatt vorher schon zusammengearbeitet hat. Seine Kinder sehen ihren Vater seitdem wieder öfter. Seine Tochter ist mittlerweile 13. Das Alter, in dem er nach Deutschland gekommen ist. Das Alter in dem die Mädchen anfangen nach den Jungs zu schauen. Ob auch sie einen Partner mit bosnischem Kulturhintergrund braucht? Adem zuckt mit der Schulter. „Wir haben ihr natürlich auch unsere Kultur vermittelt. Aber sie ist hier aufgewachsen. Das wird sie, wenn es soweit ist, ganz alleine entscheiden.“

Ali Karakale

Vom Sonderschüler zum Sozialarbeiter

Mit dreieinhalb Jahren kam Ali Karakale als Gastarbeiterkind nach Deutschland. Während der Grundschule wird er auf die Sonderschule geschickt. Heute arbeitet er als Diplom-Sozialarbeiter in der Migrationsberatung – sein Traumjob, wie er sagt.

Ali ist das jüngste von sechs Kindern. Seine älteste Schwester, ist bei seiner Geburt in Ankara bereits 22 Jahre alt. Als Ali eineinhalb Jahre ist, geht seine Mutter Ayse 1970 als Gastarbeiterin nach Deutschland. Auch seine älteste Schwester und ihr Mann nehmen in Deutschland eine Arbeitsstelle an. Ali bleibt mit seinen übrigen Geschwistern und seinem Vater Sadik zunächst in der Türkei. Sein Vater folgt aber nach einem Jahr seiner Frau und geht nach Frankfurt. Unterdessen passen seine neun- und elfjährigen Schwestern auf ihn auf. Nach der zweiten Klasse wird auch seine jüngste Schwester Gülsen nach Deutschland geholt, aber nicht um hier auf die Schule zu gehen, sondern um auf die Kinder ihrer ältesten Schwester aufzupassen, damit diese arbeiten kann. Ali erfährt erst sehr viel später davon. „Sie ist quasi als Analphabetin aufgewachsen." Die Wut steht Ali auch heute noch ins Gesicht geschrieben, wenn er davon erzählt.

Zweieinhalb Jahre später holt sein Vater die restlichen Kinder nach Frankfurt-Bornheim. Mit dreieinhalb

Jahren kann Ali immer noch nicht laufen. Er hat eine angeborene Hüftdysplasie und einen unterentwickelten linken Klumpfuß. Bis zu seiner Einschulung verbringt er die meiste Zeit im Krankenhaus. Bei den Krankenschwestern bekommt er das erste Mal Aufmerksamkeit und Zuneigung zu spüren. „Vielleicht kommt daher auch mein Geltungsbedürfnis", sagt er nachdenklich. Im Krankenhaus lernt er Deutsch und das hiesige Essen zu lieben. „Als ich zuhause unbedingt Erbsen essen wollte, wusste meine Mutter mit dem deutschen Wort Erbsen gar nichts anzufangen", berichtet Ali. Aber im Krankenhaus verlernt er auch sein kindliches Türkisch. In der Grundschule jedoch kommt er in eine rein türkische Gastarbeiterklasse, in der Türkisch gesprochen und Deutsch als Fremdsprache gelehrt wird. Selbst die Lehrerinnen seien aus der Türkei gewesen, weiß er zu berichten. Schnell verliert Ali den Anschluss und die Lehrerinnen können nichts mit ihm anfangen. Sie schicken ihn auf die Sonderschule, trotz des Protestes seiner Eltern.

Nach einem Wohnungswechsel in den Stadtteil Bockenheim, melden ihn seine Eltern wieder in einer regulären Grundschule an, aber da stellt sich das Schulamt quer, weil er von einer Sonderschule kommt. Doch anstatt wieder auf einer Sonderschule, landet er durch Vermittlung des Internationalen Familienzentrums in der Alois-Eckert-Schule, einer pädagogischen Förderschule. „Das war toll. Es gab in jeder Gruppe nur drei oder vier Kinder und die Lehrer sind auf jeden persönlich eingegangen", erzählt er. Innerhalb von eineinhalb Jahren holt Ali das Wissen von zwei Grundschuljahren auf und kann zurück an die Regelschule.

Nach diesen Erlebnissen kommt Ali Karakale schließlich an die Ernst-Reuter-Schule, einer integrierten Gesamtschule in der Frankfurter Nordweststadt. Er engagiert sich in Schul-AGs und außerschulisch. Er ist in der Schülervertretung aktiv, organisiert Treffen für türkische Kinder und übersetzt für Neuankömmlinge. Das Soziale sei ihm schon als Realschüler sehr wichtig gewesen und von den Lehrern habe er viel

Unterstützung erfahren, wie er berichtet. „Meine Lehrer und Mitschüler haben mir den Spitznamen Tutu nach dem südafrikanischen Erzbischof und Friedensnobelpreisträger gegeben", erzählt er schmunzelnd.

Ein Schlüsselerlebnis

Da Kinder sehr viel schneller eine neue Sprache lernen als Erwachsene, erging es Ali bald wie vielen Gastarbeiterkindern. Er musste seine Eltern zu Behördengängen und zu Arztbesuchen begleiten, um zu übersetzen. Bei einem dieser Behördengänge, erlebte er einen Sachbearbeiter, der seinen Vater von oben herab richtig rassistisch niedermachte. Sein Vater, den er immer als stark erlebt hatte, nahm aufgrund seiner schlechten Deutschkenntnisse diese Ausgrenzung noch nicht einmal wahr. Er war hilflos. Ali schäumte vor Wut. Fortan stand sein Entschluss fest: Er wollte Sozialarbeiter werden, um Menschen zu helfen, die sich nicht wehren können. Seine Lehrer und auch die Schulsozialarbeiterin von der Arbeiterwohlfahrt bestärkten ihn in diesem Wunsch. Doch zu der damaligen Zeit brauchte er das Fachabitur. Über die Vermittlung der Schulsozial-arbeiterin machte er eine dreijährige Ausbildung zum Bürokaufmann bei der Arbeiterwohlfahrt (AWO), die er später noch besser brauchen konnte, als ihm zu diesem Zeitpunkt bewusst war.

Ein langer Weg bis zum Ziel

Nach einem Jahr auf der Fachoberschule für Sozialwesen, begann er an der Fachhochschule Sozialarbeit zu studieren. In der Mitte seines Studiums erfuhr er jedoch, dass gerade im Bereich „Ausländer-sozialarbeit", in den er wollte, Stellen abgebaut wurden und nichts zu bekommen sei. Ali verlegte sich auf die Jugend- und Erwachsenenbildung. Sein Anerkennungsjahr verbringt er bei der Volkshoch-schule in Frankfurt und gibt Kurse für Deutsch als Fremdsprache beziehungsweise Zweitsprache. „Ich war mir meiner eigenen Schreibschwäche bewusst und habe mich auf jede Unterrichtseinheit, akribisch mindestens zwei Stunden vorbereitet", erzählt er rückblickend.

Ali arbeitet ab 1995 als Diplom Sozialarbeiter beim Internationalen Familienzentrum in Frankfurt. Die Einrichtung ist Träger ausgerechnet der pädagogischen Förderschule, die er einst selbst besucht hatte. Hier leitete er eine Bürogruppe für Behinderte und machte seine Fortbildung zum Ausbilder für Bürokaufleute. Danach wechselte er zum Verein für Kultur und Bildung (Kubi) progetto scuala, Zentrum für Weiterbildung. Er wird in den Bereichen Berufsorientierung für Jugendliche und Schulsozialarbeit tätig. Daneben engagiert er sich privat in verschiedenen Migrantenvereinen.

Ein Vorbild und Ratgeber für andere

Mit seinem Diplom änderte sich aber auch für ihn privat einiges. Er wurde plötzlich zum Vorbild für andere Migranten und überall um Rat gefragt, wie er sich erinnert. Ali engagiert sich in Migrantenvereinen und kümmert sich um seine Schwester Gülsen. Er stellt Kontakte zu Frauengruppen her, organisiert Schreib- und Lesekurse oder unterrichtet sie selbst. Das habe vor allem ihr Selbstbewusstsein sehr gefördert. Gülsen war schließlich im Versand bei Neckermann tätig, wo sie bis zu ihrer Rente arbeitete.

Durch seine ehrenamtliche Tätigkeit in Migrantenselbstorganisationen, ergibt sich neun Jahre später die Möglichkeit zur Arbeit mit Ausländern zu wechseln. 2004 wird er Migrationsberater bei der AWO, zuerst in Frankfurt, später in Offenbach. Die Stadt genießt mit ihrem hohen Anteil an Ausländern, unter ihnen sehr viele ungelernte ehemalige Fabrikarbeiter, keinen guten Ruf. „Dass Offenbach kein leichtes Pflaster wird, war mir klar", so Ali.

So krempelt er die Ärmel hoch, er belässt es nicht bei der Beratung. Für ältere Frauen, die sonst kaum aus dem Haus kommen, gründet er einen wöchentlichen Frühstückstreff. Mit Fördergeldern führt er Qualifizierungskurse durch. Als die Stadt auf ihn zukommt, um für die vielen Migranten aus Bulgarien einen Verein aufzubauen, zögert er nicht. Mit einem anderen Sozialpädagogen verteilt er Flyer an den Treffpunkten, bis sich eine regelmäßige Gruppe trifft. Er organisiert Vorträge über das deutsche Rechtssystem zum Beispiel mit der Polizei oder einen Besuch im Landtag. Heute kümmert sich der Verein längst selbst um Neuzugewanderte. Trotz mancher Überstunde sagt Ali Karakal, heute 53 Jahre alt: „Ich bin in meinem Traumberuf angekommen."

Michael Karminsky

Vom Widerstand faszinierter Kunstsammler

Als 15-Jähriger wanderte Michael Karminsky 1973 mit seinen Eltern von der Ukraine nach Israel aus. Sieben Jahre später zieht es ihn zurück nach Europa. Er kommt mit Frau und Sohn nach Offenbach. Durch eine Freundschaft mit dem russischen Künstler und Kinderbuch-Illustrator Eduard Gorokhovsky, der seine letzten Lebensjahre ebenfalls in Offenbach verbrachte, wird er zum Kunstkenner und Sammler. Heute besitzt er mit rund 600 Werken die größte Privatsammlung russischer Nonkonformisten in Europa.

Stolz zeigt Michael Karminsky seine Wohnung. Überall im ersten Stock der ehemaligen Fabrik hängen Bilder. Um sie anbringen zu können, hat er zusätzliche Wände aus Backstein einziehen lassen. Der 63-Jährige ist nicht nur Kunstsammler, sondern auch zum gefragten Kenner des russischen Nonkonformismus gereift, mit Kontakten zu Künstlern und vielen Museen. Dabei galt seine Faszination zuerst den Menschen, die sich dem sowjetischen Allmachtsanspruch widersetzten.

Aufgewachsen ist er in Czernowitz nahe der rumänischen Grenze auf dem heutigen Gebiet der Ukraine. Seine Eltern sind deutschstämmige Juden. Die Stadt sei multikulturell gewesen. Es wohnten Ukrainer dort, genauso wie Rumänen und Deutsche, das Verhältnis zu den Nachbarn sei gut gewesen, aber es gab einen staatlichen Antisemitismus. „Bei allem was irgendwie staatlich war, da hast du besser nicht gesagt, dass du Jude bist", berichtet Michael Karminsky. Seine Eltern hörten oft Auslandssender, was eigentlich verboten war. Neben Nachrichten aus Jerusalem auch Radio Free Europe und Radio Liberty. Auf russisch wurde der Sender Swoboda genannt, was auf Deutsch Freiheit heißt. Der Lenkungsanspruch des Staates war überall spürbar. Selbst als Alexander Solschenizyn für sein Buch „Ein Tag im Leben des Iwan Denissowitsch" 1970 den Literatur-Nobelpreis erhielt, habe man das nur über die Auslandssender gehört. Von der berühmt berüchtigten Bulldozer-Ausstellung russischer Künstler in Moskau 1974 erfuhr er erst, als die Familie bereits nach Israel ausgewandert war.

In der Ukraine hatte Michael Karminsky seinen mittleren Schulabschluss gemacht. Mit 15 beginnt er an der israelischen Militärschule und lernt Navigation. Es folgen drei Jahre in der Armee. Bereits in seinen ersten Jahren in Israel lernt er seine heutige Frau Asia kennen. Sie kommt aus Moldawien und machte eine Ausbildung zur Krankenschwester. Noch während seiner Ausbildung heiraten beide. 1978 kommt Sohn Martin zur Welt. Doch Michael Karminsky will weg, zunächst aus dem Militär, später aus Israel. Er besucht einen neunmonatigen Kurs als Dreher und arbeitet für kurze Zeit in einer Krankenhausverwaltung. „In Israel, das waren alles Neubauten, ich wollte wieder in eine Stadt wie Czernowitz, wo ich aufgewachsen bin", erzählt er.

Ankunft in Offenbach

Mit seiner Frau und seinem zweijährigen Sohn kommt er 1980 in Offenbach an. „Deutschland war damals das einzige Land in Europa, in das ich als deutschstämmiger Jude einfach einreisen konnte", begründet er seine Entscheidung. In Offenbach hatte er Kontakt zu einem Rechtsanwalt, der auf Migrationsfragen spezialisiert war. Schnell finden beide Arbeit und eine Wohnung. Seine Frau wird sofort als Krankenschwester im Ketteler Krankenhaus eingestellt. Er findet Arbeit als Dreher in der Maschinenfabrik Neubecker. Obwohl beide in der Stadt am Main gut aufgenommen wurden, war der Start nicht ohne Schwierigkeiten. Über zehn Jahre hinweg mussten beide alle sechs Monate ihre Aufenthaltsgenehmigung verlängern lassen und dabei Miet- und Arbeitspapiere sowie Abstammungs- urkunden bis zurück zu ihren Großeltern vorlegen. Gleichzeitig mit ihrem Umzug nach Offenbach hatte die Familie auch einen Einwanderungsantrag in Kanada gestellt, der nach neun Monaten sogar an- genommen wurde. Warum sie trotzdem in Offenbach geblieben sind, beantwortet Michael Karminsky schmunzelnd mit einer Anekdote: Zufällig habe er im Radio eine Diskussionssendung gehört, bei der es darum ging, ob Männer im Stehen oder im Sitzen pinkeln sollen. Daraufhin habe er zu seiner Frau gesagt: „Wir haben eine Wohnung, wir haben beide Arbeit, wir verdienen hier nicht schlecht und wenn die Deutschen keine anderen Probleme haben, dann bleiben wir."

In Offenbach kommt auch sein zweiter Sohn Daniel zur Welt. Beide Kinder schicken die Eltern in einen evangelischen anstatt in den jüdischen Kindergarten. „Wir wollten, dass sie nicht in dem Bewusstsein aufwachsen, Angehörige einer bestimmten Religion zu sein, sondern, dass sie sich von Anfang an, „als Gleiche unter Gleichen" begreifen, so Michael Karminsky. Außerdem hätten dazu auch die Nonnen beigetragen, die damals das Ketteler Krankenhaus noch leiteten. Sie hätten bei der Integration die Familie immer unterstützt und ihnen geholfen.

Das Aha-Erlebnis

Nach sechs Jahren in der Neubeckerschen Maschinenfabrik, wird die Firma verkauft und aufgelöst. Michael Karminsky macht sich mit einem Imbiss in Frankfurt Fechenheim selbstständig und hat Erfolg. 1992 übernimmt er die Gaststätte Bierstiefel an der Südseite des Frankfurter Hauptbahnhofes. Um diese Zeit lernte er auch Eduard Gorokhovsky kennen.

Der Künstler hatte in der Sowjetunion über 200 Kinderbücher illustriert und war dort sehr bekannt. Doch neben seinem Broterwerb, den Kinderbüchern, malte Gorokhovsky vor allem moderne Kunst und gehörte zu den Nonkonformisten. Diese waren in der Sowjetunion, in der die Kunst des sozialistischen Realismus Staatsdoktrin war, verpönt und wurden verfolgt. Während der Umbruchjahre in Russland zog es viele Künstler ins Ausland, so auch Gorokhovsky, der in die Nähe seiner Schwester wollte. Sie wohnte in Mainz. Er nahm mit Michael Karminsky Kontakt auf und bat, ihm bei den Formalitäten zu helfen. Gorokhovsky machte ihn mit den Werken der russischen Nonkonformisten bekannt. Er kannte viele der Künstler persönlich, hatte mit ihnen im gleichen Häuserblock gelebt. Michael Karminsky war begeistert. Er erinnerte sich wie der Staat in der Ukraine mit den Menschen umgegangen ist. Das waren also diejenigen, die sich dem allmächtigen Staatsapparat und dem KGB widersetzt hatten, schossen ihm seine Kindheitserinnerungen durch den Kopf. Als er dem Beamten von der Ausländerbehörde die Illustrationen Gorokhovskys zeigte, habe er sofort eine Aufenthaltserlaubnis erwirkt, erinnert sich Karminsky. Der Künstler zog nach Offenbach.

Der Kunstsammler

Zwischen beiden Männern entstand eine tiefe Freundschaft. Michael Kaminsky, der sich auf seinen Motorradtouren ansonsten eher für barocke und gotische Kirchen interessiert, bat Eduard Gorokhovsky ihm alles über Kunst beizubringen. Gemeinsam besuchten sie viele Ausstellungen und Gorokhovsky machte ihn mit vielen Künstlern persönlich bekannt. Der Maler und Nonkonformist starb 2004 im Ketteler Krankenhaus. Seine Bilder wurden zuletzt für 12 000 englische Pfund bei Christies in London aufgerufen.

In der Gaststätte arbeitete Michael Karminsky manchmal von sechs Uhr morgens bis zwei Uhr in der Nacht. Im ehemaligen Jugoslawien war Bürgerkrieg und die Südseite des Frankfurter Hauptbahnhofs, wo der Bierstiefel lag, war die Anlaufstelle für die

Flüchtlingsbusse. Ein Vermögen konnte er nicht verdienen, dafür lernte er die jugoslawische Sprache.

Die Preise, die heute für die Kunstwerke bei Kunstauktionen aufgerufen werden, hätte er nie bezahlen können, sagt Michael Karminsky. Heute findet er manchmal noch Schnäppchen zum Beispiel bei Geschäftsauflösungen. Wie viel er für seine Bilder bezahlt hat, möchte er nicht sagen, aber er erzählt ein Beispiel: Die russischen Künstler waren auch in den Umbruchjahren in der Sowjetunion kaum bekannt und konnten dort wenig verkaufen. Anders im Westen, dort hatte die Bulldozer-Ausstellung für eine gewisse Bekanntheit gesorgt. Russische Avantgarde-Künstler hatten 1974 zu einer Vernissage auf einem Platz am Stadtrand von Moskau eingeladen. Es kamen vor allem westliche Botschaftsmitarbeiter und Auslands-Korrespondenten von Zeitungen und Rundfunk. Unter dem Vorwand, eine Baumpflanzung anlegen zu müssen, haben als Sportbrigade verkleidete KGB-Mitarbeiter, vor der versammelten Weltpresse, mit Bulldozern und Baggern die Bilder niedergewalzt. Damit hatte der KGB aber das Gegenteil von dem erreicht, was er wollte. Künstler, die vorher keiner kannte, waren plötzlich in der westlichen Welt bekannt.

Ein Botschaftsmitarbeiter, den Michael Karminsky kannte, habe dem Künstler Eric Bulatov ein Bild für 1000 Rubel abgekauft, was ungefähr 150 Dollar entsprochen habe. Er habe das Bild sofort in der Schweiz für 1000 Dollar weiterverkauft und das Ganze als das Geschäft seines Lebens bezeichnet. Heute würde das Bild in Kunstkreisen für rund 800 000 Dollar gehandelt.

Werke aus Michael Kaminskys Sammlung sind bei Sonderausstellungen in Museen weltweit zu sehen. Doch verkaufen würde er nie eines seiner Werke, wie er sagt. Selbst wenn er dann bis an sein Lebensende ausgesorgt hätte. Als seine Frau einen Flachbild-Fernseher haben wollte, sei ihm die Zustimmung nur deshalb schwergefallen, weil er dafür eines seiner Bilder abhängen musste.

Mahshid Najafi

„Ich bin mit mir im Reinen"

Erstmals während ihres Auslandstudiums in den USA, Ende der 1970er Jahre, demonstrierte Mahshid Najafi gegen das Regime des Schahs von Persien, Mohammad Reza Pahlavi. Später arbeitete sie im Untergrund gegen die Ajatollahs im Iran. 1985 musste ihr Mann über die Berge fliehen, sie reiste hochschwanger in die Türkei aus. Über die USA landeten beide schließlich in Offenbach. Der Neuanfang war nicht leicht.

Eigentlich hätte Mahshid ein schönes Leben haben können. Ihr Vater war Chemie-Ingenieur und später Wirtschaftsminister der Provinz Estefan. Sie wuchs in einem großen Haus mit Pool auf. Während ihre beiden Großväter Ajatollahs, also islamische Rechtsgelehrte waren, hatte ihr Vater, der in Teheran aufgewachsen war, eine sehr liberale Einstellung, wie sie berichtet. Als erstes Mädchen der Familie durfte sie in einer anderen Stadt studieren. Sie ging an die Universität nach Shiraz, etwa 500 Kilometer von ihrer Heimatstadt entfernt.

Waren die Schulen in dem islamisch geprägten Land noch strikt nach Jungen und Mädchen aufgeteilt, so gab es an der Universität keine Geschlechtertrennung mehr. Ihre eher religiöse Mutter sei zunächst dagegen gewesen, aber ihr Vater habe sich durchgesetzt, berichtet sie.

In Shiraz studierte Mahshid Wirtschaftswissen-
schaften. Die jungen Leute trugen, wie damals auch
im Westen Plateauschuhe mit hohen Sohlen, Schlag-
hose oder Minirock. „Es gab eine Disco, die hieß
Ariana, da sind wir jeden Freitag hingegangen",
erzählt sie mit leuchtenden Augen.

Demonstrationen und Untergrund

1975 geht Mahshid Najafi in die USA, um dort ihren
Master zu machen und zusätzlich Pädagogik zu
studieren. Der Vietnamkrieg war gerade zu Ende,
doch die Stimmung an den Universitäten immer noch
antikapitalistisch. Zwar hatte der Diktator des Iran,
Schah Mohammad Reza Pahlavi, der das Land mit
harter Hand regierte, mit der weißen Revolution
Veränderungen angestoßen, die unter anderem eine
Landreform zugunsten der Bauern, das Wahlrecht für
Frauen und eine Alphabetisierungskampagne enthielt,
doch den Studenten ging das nicht weit genug. Wir
waren grundsätzlich gegen die Bourgeoisie, berichtet
sie. Anderen Oppositionsgruppen, besonders dem
nach Paris geflohenen Ajatollah Chomeini, gingen die
Reformen zu weit. Obwohl sie die Möglichkeit erhält,
in den USA eine Doktorarbeit zu schreiben, geht
Mahshid Najafi 1978 zurück in den Iran. Dort wurden
die Proteste gegen den Schah immer heftiger.
Zuhause war Revolution und Mahshid wollte dabei
sein. Ein Jahr später verließ Shah Mohammad Reza
Pahlavi das Land. Er starb ein Jahr später 1980 in
Ägypten. „Die Ajatollahs werden die Macht niemals
teilen", habe ihr Vater sie damals gewarnt, sagt die
heute 69-Jährige nachdenklich. So kam es. Ajatollah
Chomeini kehrt aus seinem Pariser Asyl zurück. Mit
Gewalt schaltet er alle anderen Oppositionsgruppen
aus und errichtet die islamische Republik. Mahshid hat
sich zu diesem Zeitpunkt von ihrem ersten Ehemann
getrennt und ein zweites Mal geheiratet. Sie und ihr
Mann arbeiten im Untergrund. Im Keller ihres Hauses
finden Treffen der Opposition statt und werden
Flugblätter gegen das Mullah-Regime gedruckt. Fünf
Jahre später 1985 werden sie verraten. Ihr Mann flieht
über die Berge. Sie kann hochschwanger das Land
gerade noch verlassen. Erst in der Türkei sehen sie

sich wieder. Sie bekommen eine Aufenthaltserlaubnis für die USA, wo ihr Sohn geboren wird. Doch dort wollen sie nicht bleiben. Eigentlich hätte sie lieber in Frankreich leben wollen, da sie die Sprache etwas sprach, aber für ihren Mann, einen Maschinenbauingenieur, seien die Jobaussichten in Deutschland besser gewesen. Mit der amerikanischen Aufenthaltserlaubnis bekommen die beiden ein Visum für Deutschland und landen in Frankfurt, wo ihr Mann einen Asylantrag stellt, welcher anerkannt wird.

Neustart in Offenbach

Mahshid ist zum zweiten Mal schwanger und kann nicht arbeiten. Von dem Geld, das ihr Mann verdient können sie sich in Frankfurt keine Wohnung leisten und Sozialwohnungen sind dort keine zu finden. Dafür bekommen sie aber in Offenbach eine Unterkunft. Um von ihrem Vater Geld anzunehmen, sei sie zu stolz gewesen, erzählt Mahshid Najafi. Erst einige Jahre später habe sie sich doch überwunden, um von dem Geld, besonders für die Kinder, ein Haus in Rumpenheim zu kaufen.

Als ihre Tochter Ava mit drei Jahren in den Kindergarten kommt, beginnt Mashid zu arbeiten. Ihre erste Stelle findet sie bei der Frankfurter Bank of Credit and Commerce International. Doch nach einem Jahr wurde die wegen Geldwäsche, Bestechung, Waffenhandel und Steuerhinterziehung geschlossen. Mahshid Najafi wechselt 1992 zur deutschen Niederlassung der pakistanischen Nationalbank. Dort gründet sie einen Betriebsrat, wird Betriebsratsvorsitzende und ist seitdem bei der Geschäftsleitung nicht mehr gerne gesehen. Sie wird gemobbt.

Ein Unfall zwei Jahre später, setzt sie ein halbes Jahr lang außer Gefecht und verändert ihre Sicht auf ihr Leben und auf die Dinge, die ihr wichtig sind. Mahshid Najafi wird wieder politisch aktiv. Von 1994 bis 1998 ist sie Mitglied im Ausländerbeirat. Sie engagiert sich für Frauenrechte und bei den Grünen. Von 2006 bis 2011 sitzt sie für die Grünen im Stadtparlament. 1999 ergibt sich für die Bank eine Gelegenheit ihr zu kündigen. Sie akzeptiert die Kündigung, denn nach dem permanenten Mobbing sei sie seelisch und mental am Boden gewesen. Über das Arbeitsamt schult Mahshid Najafi zur systemischen Sozial- und Familientherapeutin um. Drei Jahre arbeitet sie freiberuflich in diesem Beruf, bevor sie als Migrationsberaterin zu KUBI wechselt. Dort arbeitet sie bis zu ihrer Pensionierung.

Rückblick

Mittlerweile sind ihre Kinder groß, von ihrem Mann hat sie sich 2005 getrennt, die Eheleute haben sich auseinandergelebt. Sie fragt sich, was sie allein in dem großen Haus in Rumpenheim soll. 2005 gründet sie mit anderen zusammen den Verein Lebenszeiten e.V. Ziel ist ein generations- und einkommensüber-greifendes Wohnprojekt, in dem Menschen unter-schiedlichen Alters und ungleichen Einkommens unter einem Dach zusammenleben. 2007 wird das Wohn-projekt fertiggestellt. Mashid Najafi vermietet 2008 ihr Haus und zieht auch selbst ins Mehrgenerationen-haus. 2010 verkauft sie ihr Haus in Rumpenheim endgültig.

2021 sitzt sie mittlerweile 69-Jährig in einem Cafe am Martin-Luther-Park in Offenbach. Bei den letzten Kommunalwahlen hatte sie für die Grünen nur noch auf einem der hinteren Listenplätze kandidiert. „Ich bereue es nicht. Ich merke innerlich, dass es mein Weg war. Ich habe mich immer als Held gefühlt. Früher wollte ich die ganze Welt verändern, die große Revolution. Heute ändere ich Dinge da, wo ich sie verändern kann, im Lokalen. Dabei habe ich meine Themen, wie die Migrations- Bildungs- oder Frauenpolitik", so Mashid Najafi.

Nadia Qani

Aschenputtel und Managerin

Aufgewachsen ist Nadia Qani in bescheidenen Verhältnissen in Kabul. Doch bereits mit 16 Jahren wird sie Chefsekretärin in der neu gegründeten Export-Abteilung des afghanischen Handels- ministeriums. Zwei Jahre später ist sie mit einem Mann aus der höchsten Gesellschaftsschicht des Landes verheiratet. Doch weitere zwei Jahre später, 1980 nach dem Einmarsch der Sowjetarmee in Afghanistan, steht sie als Asylsuchende am Frank- furter Flughafen, mit nichts als einem Kleid und einer Zahnbürste in ihrer Tasche. Über unzählige Jobs als Putzfrau und Kassiererin in Baumärkten hat sie sich wieder hochgearbeitet. 1991 gründet sie erfolgreich ein Reinigungsunternehmen und 1993 einen kultur- sensiblen Pflegedienst. 2002 wird sie als eine der zehn besten Unternehmerinnen in Hessen ausgezeichnet. 2009 bekommt sie für ihr Engagement für afghanische Frauen das Bundesverdienstkreuz.

Nadias Vater hat es als Fotograf zu einem bescheidenen Reichtum geschafft. Sie hat ihn als pragmatischen und auf Ausgleich bedachten Menschen in Erinnerung, der in jedem dessen Fähigkeiten erkannte. Ein Erlebnis mit ihm ist ihr besonders in Erinnerung geblieben: Kurz vor ihrer Einschulung sei er mit ihr die Schulsachen kaufen gegangen. Zuhause habe er gesagt: „Merk dir eins, du wirst Direktorin." Nadia musste es zehnmal wiederholen. Dann sagte er: „Du wirst nicht von allein Direktorin, sondern musst viel lernen, viel arbeiten, gerecht sein. Versprich mir das." Heute würde man anstatt Direktorin Managerin sagen.

Nadias Mutter ist gerade 16 Jahre alt, als ihr Vater sie zur dritten Ehefrau nimmt. Sie kommt aus einfachen Verhältnissen und ist Analphabetin. Sie habe es nicht als Zwang, sondern als Ehre empfunden, dass ein gesellschaftlich so weit höherstehender Mann sie zur Ehefrau nimmt, berichtet Nadia Qani. Täglich habe ihr Vater seiner Mutter für einige Zeit Lesen und Schreiben beigebracht.

Nadia zeigt ihre Geschäftstüchtigkeit

Kurz nach ihrer Einschulung stirbt ihr Vater. Ihre Mutter ist mit 22 Jahren Witwe. Von dem bescheidenen Reichtum ihres Vaters bleibt bei drei Ehefrauen und vielen Kindern nicht viel übrig. Ihre Mutter schaffte es finanziell, sie nach der Grundschule auf die Jumhoriat Lyee Fachschule zu schicken, die einzige Schule die Mädchen in den Fächern Wirtschaft, Finanzen, Statistik, Buchführung und Fremdsprachen unterrichtet. Daneben aber ist zuhause das Geld immer knapp und Nadia muss früh zum Familieneinkommen beitragen.

Ein großes Vergnügen zu dieser Zeit ist es, Drachen steigen zu lassen. Es fanden von den Dächern der Häuser ganze Drachenschlachten statt. Ziel war es, den Gegnern ihre Drachen zu entreißen. Dafür wurden die Drachenschnüre mit Leim und Glasscherben präpariert, um die Schnüre der gegnerischen Drachen zu kappen. Nadia experimentierte, bis sie die optimale Schnur hatte, zermalmte Glasscherben zu kleinen Splittern und präparierte ihre Schnüre damit. Meterweise verkaufte sie ihre Drachenschnüre an andere Kinder. Sie wurden ihr bald aus der Hand gerissen. Da sie auch noch zur Schule ging, sammelten bald kleinere Kinder für sie Glasflaschen und ihre Großmutter zermalmte sie in feine Splitter. Der Gewinn wanderte in die Familien-kasse.

Ihren Abschluss auf der Fachschule machte sie mit einer Eins. Zwar beschäftigte sie sich am liebsten mit Zahlen, aber sie hatte auch Englisch gelernt. Noch während ihrer Abschlussfeier winkte sie eine Lehrerin zu sich und forderte sie auf, sich beim Wirtschaftsministerium zu bewerben und zwar sofort. Dort würden Leute gesucht und Einser-Schülerinnen auf jeden Fall genommen. Das Geld für den Bus muss sich Nadia von einer Mitschülerin leihen. Sie wird auf Anhieb als Chefsekretärin der neugeschaffenen Abteilung für Exportförderung eingestellt. Die erste Aufgabe ist schwierig, es gilt zusammen mit ihrem Chef eine Budgetplanung aufzustellen ohne Vergleichszahlen zu haben, da die Abteilung neu ist. Nadia erkundigt sich in anderen Abteilungen, was diese wofür ansetzen. Sie arbeitet fast Tag und Nacht, so dass ihre Mutter sich schon Sorgen um sie macht. Der Preis dafür ist nicht nur eine fertige Budgetplanung, sondern sie wird auch als besonders engagierte Mitarbeiterin ausgezeichnet und erhält ein Preisgeld, das fast einem Jahresgehalt entspricht. Damit können ihre Mutter und sie ihre kompletten Schulden abbezahlen.

Daneben wird sie für einen Englischkurs auf das elitärste Institut des Landes geschickt, das sich normalerweise nur die Reichsten des Landes leisten können. Natürlich schauen sich in diesem jugendlichen Alter die Mädchen auch nach den Jungs um. Doch als sie einer ansprach, der offensichtlich aus der höchsten Gesellschaftsschicht kam, wollte sie sich als armes Mädchen erst gar nicht darauf einlassen, obwohl ihr der Junge sehr gefiel. Der Jüngling ließ allerdings nicht locker und so war sie ein Jahr später 1978 verheiratet.

Das junge Paar ging nach Baghlan im Norden Afghanistans. Während er in der dortigen Zucker-raffinerie arbeitet, unterrichtet sie an der Schule. Sie wohnten in einem großen Haus, das ihrer Schwiegermutter gehörte, mit Rasen und Rosenrabatten. Doch die Geschichte warf schon ihre Schatten voraus. Die kommunistisch geprägte „Demokratische Volkspartei Afghanistans" hatte die Macht übernommen und den König abgesetzt. Es kam zu Unruhen im Land. Schon der traditionelle Autokorso zu ihrer Hochzeit konnte nicht stattfinden. Jeder sollte sich entscheiden, entweder für die Kommunisten oder für die religiösen Mudschahedin. Wer sich nicht entschied, war verdächtig. Nach einem halben Jahr Ehe wurde ihrem Mann zugesteckt, dass er auf der Verhaftungsliste der Kommunisten steht. Er floh über Frankreich nach Frankfurt. Zunächst dachten beide, dass es bald vorüber sein wird und er nach Afghanistan zurückkommen könne. Doch die Geschichte entwickelt sich anders. Ein Jahr später muss auch Nadia fliehen. Über Pakistan kommt sie 1980 mit gefälschten Papieren nach Großbritannien. Nur der Intervention von Amnesty International hat sie es zu verdanken, dass sie nicht nach Pakistan zurückgeschickt wird, sondern als politischer Flüchtling 1980 nach Frankfurt weiterreisen kann. Ihr Mann holt sie ab. In ihrer Handtasche hat sie nur noch ein Kleid und eine Zahnbürste. Ihr neues Zuhause, ist eine heruntergekommene Asylbewerberunterkunft.

Der Neuanfang

Zunächst heißt es viele Behördengänge zu erledigen. Dabei trifft Nadia auf sehr wohlwollende Mitarbeiter. An zwei kann sie sich auch nach 41 Jahren noch erinnern. An einen Herrn Schmidt, von der Ausländerbehörde, „ein Beamter mit Herz", wie sie sagt und an einen Herrn Rotfuchs vom Sozialamt, der ihr ihre erste ehrenamtliche Betätigung und ihre erste Wohnung besorgte. Um der Enge der Unterkunft zu entkommen, konzentrierte sich Nadia aufs Lernen der deutschen Sprache und geht viel in Frankfurt spazieren. Sie wollte das Land und die Menschen mit ihren Sitten und Gebräuchen verstehen. Daneben kümmert sie sich um neuankommende Flüchtlinge am Frankfurter Flughafen. Schneller als alle anderen wurde das Paar, nach drei Monaten, als politische Verfolgte anerkannt. Nach einem Jahr in verschiedenen Asylbewerber-Unterkünften kommt ihr

Sohn Golzar zur Welt. Einen Tag nach ihrem 21. Geburtstag. Als das Kind mit sechs Monaten in eine Krippe kommt, bietet ihr Herr Rotfuchs eine erste, wenn auch ehrenamtliche Tätigkeit bei der Nachbarschaftshilfe der Pfarrei St. Sebastian an. Über dieses Engagement bekommt sie ihre erste Stelle als Putzfrau und Babysitterin. Ihr erstes eigenes verdientes Geld in Deutschland. Ein anstrengender Neuanfang. Oft hat sie mehrere Putzstellen nebeneinander. Danach schnell die Einkäufe erledigen und das Kind aus der Krippe abholen. Schließlich reicht es für eine Zwei-Zimmer-Wohnung in Frankfurt-Bonames. Nadia geht mit zwei Piccolos Sekt und Schokolade zu den Nachbarinnen, um sich vorzustellen. Schnell entstehen Freundschaften. Die Nachbarinnen griffen ihr im Haushalt unter die Arme oder passten auf Golzar auf, wenn niemand da war und sie von einer Putzstelle zur nächsten flitzte. Sie hätten ihr auch die drei Kardinaltugenden beigebracht, ohne die man in Deutschland nicht klarkäme: Pünktlichkeit, Sauberkeit und Ehrlichkeit, erzählt sie. Tugenden, die sie auch heute noch in den Leitlinien für ihre Mitarbeiter im Pflegedienst festgeschrieben habe.

Daneben erinnert sie sich an die Worte ihres Vaters: Du wirst nicht von allein Direktorin, sondern musst viel lernen, viel arbeiten, gerecht sein. Bei ihrer Arbeit ist sie besonders gründlich, engagiert und vor allem neugierig. Sie will ständig Neues dazu lernen. So sei sie dabei immer wieder Menschen begegnet, die mehr in ihr sahen, als das was sie gerade machte, nämlich putzen. Als sie in einem Fotostudio putzte, sei sie schnell damit beauftragt worden, neben dem Putzen, die für Food-Aufnahmen nötigen Requisiten zu beschaffen. Bei der Firma Hartmann und Söhne bewirbt sie sich als Kassenaushilfe für ihre Urlaubszeit und bleibt mehrere Jahre. Sie wird zum Mädchen für alles, das die Einkaufslisten fertig hat, bevor der Chef morgens kommt. In einem Pflegeheim wird sie schnell von der Putzfrau zur Pflegehelferin. Dort legt sie den Grundstein für ihr späteres Unternehmen.

1987 wird sie erneut schwanger und bringt ihren Sohn Jamil zur Welt. Zuvor hatte sie es geschafft, ihre Mutter zu sich zu holen. Dafür musste sie sich Geld leihen und noch härter arbeiten. Nun konnte sich ihre Mutter um die Kinder kümmern. Oft ging sie früh aus dem Haus, um morgens als Putzkraft, mittags als Bürohilfe und abends als Pflegekraft zu arbeiten.

1991 wird ihr anboten, für eine Bank zu putzen. Bedingung ist allerdings, dass sie dafür selbstständig ist. Sie gründet die QR Glas- und Gebäudereinigung. Schnell stellte sich heraus, dass sie, um so zu Reinigen, wie es ihrem Anspruch entsprach, einen Meistertitel haben müsste. Also stellte sie zwei Reinigungsmeister halbtags ein. Die Bank unterstützt sie dabei. Die Qualität der neuen Firma spricht sich schnell herum und einer ihrer Meister akquiriert Kunde um Kunde. Trotzdem ging sie auch noch anderen Tätigkeiten nach. Zwei Jahre später, 1993, fragte sie ein alter Mann, der lange in Afghanistan gelebt hat, ob sie seine Pflege übernehmen könne. Nadia Qani kommt auf die Idee einen kultursensiblen Pflegebetrieb zu gründen. Elf Jahre danach, 2002, findet sie sich damit auf der Liste der 10 besten Unternehmerinnen in Hessen. 2004 wird sie zur Frankfurterin des Jahres gewählt. Von 2014 bis 2017 ist sie Mitglied im Mittelstandsbeirat des Bundeswirtschaftsministeriums. Die Reinigungsfirma hatte sie 2003 aufgelöst, obwohl sie das Unternehmen hätte verkaufen können. Aber die Angst, dass jemand in ihrem Namen etwas macht, das nicht ihren Ansprüchen entspricht, sei zu groß gewesen, sagt Nadia Qani. In ihrem Pflegedienst beschäftigt sie heute 35 Mitarbeiter unterschiedlichster Nationalitäten.

Obwohl sie selbst nicht viel hatten, haben Nadia Qani und ihr Mann schon früh Geld nach Afghanistan geschickt, um Verwandte und Freunde zu unterstützen. Seit ihrer Ankunft engagiert sie sich bei Pro Asyl, dem Roten Kreuz und immer wieder bei anderen Wohltätigkeitsvereinen. Weil es zu gefährlich ist, in Afghanistan selbst ein Hilfswerk aufzubauen, gründet sie 1996 den Verein ZAN zur Unterstützung afghanischer Frauen in Deutschland. Lange hatte sie gehofft, nach Afghanistan zurückkehren zu können. Aber nach 19 Jahren ist die Hoffnung verflogen. 1999 nimmt sie die deutsche Staatsbürgerschaft an. 2009 wird ihr für ihr soziales Engagement das Bundes-verdienstkreuz verliehen.

„Ich bin eine Deutsche aus Afghanistan", nennt sie ihre 2010 im Fischer Verlag erschienene Autobiographie.

Quellen historischer Teil:

Natürlich habe auch ich für den historischen Teil nicht in Archiven gesessen und alles neu entdeckt, sondern von Anderen abgeschrieben und neu zusammengestellt. Im Folgenden eine Auflistung. Sollte ich eine Quelle, eine Autorin oder einen Autoren vergessen haben, bitte ich bereits jetzt um Verzeihung, es war keine Absicht

Geschichte erster Teil
Hans-Georg Ruppel, Geschichte der Stadt Offenbach
www. stadtoffenbach.de /kultur-und-tourismus/stadtgeschichte/jüdisches Offenbach
Lothar Braun, www .stadtoffenbach.de /kultur-und-tourismus/stadtgeschichte /geschichte-offenbach/1414 Städte-Fehde mit Frankfurt: Wurzeln in historischer Tiefe
Wikipedia: „Geschichte von Frankfurt am Main"
Frank Sommer, Geschichte des Protestantismus in Offenbach Teil 2, efo-Magazin

Die Hugenotten
Wikipedia: „Hugenotten"
Wikipedia: „Edikt von Fontainebleau"
Brockhaus Universallexikon „Hugenotten"
www .stadtoffenbach.de/kultur-und-tourismus/stadtgeschichte/ Hugenottische Einwanderer bewirken Offenbacher Wirtschaftswunder
Hans-Georg Ruppel, „Geschichte der Stadt Offenbach", Vom Werden der Stadt 1685 – 1718
www.haus-der-stadtgeschichte / Geschichte der Hugenotten
Hans Georg Ruppel, „Geschichte der Stadt Offenbach", Wirtschaftlicher Aufstieg bis zu Ende des Fürstentums 1733 – 1815
Bibliothek der Hugenottengeschichte, Tabakmanufaktur Gebrüder Bernard

Die Juden
Hans-Georg Ruppel, „Geschichte der Stadt
Offenbach" Vom Werden der Stadt 1685 – 1718
Hans Georg Ruppel, „Geschichte der Stadt
Offenbach", Wirtschaftlicher Aufstieg bis zu Ende des
Fürstentums 1733 – 1815
www. stadtoffenbach.de /kultur-und-
tourismus/stadtgeschichte/jüdisches Offenbach
FAZ / Anton Jakob Weinberger / „Meine schöne
Heimat werde ich nie vergessen"
FAZ / Anton Jakob Weinbergr / „Suchen will ich euch
helfen"
Anton Jakob Weinberger / Salomon Formstecher
Anton Jakob Weinberger / Regina Jonas
Wikipedia: „Ludo Mayer"
www.stadtoffenbach.de /kultur-und-
tourismus/stadtgeschichte/Ludo Mayer

Geschichte zweiter Teil
Frank Sommer, Geschichte des Protestantismus in
Offenbach Teil 2, efo-Magazin
Hans-Georg Ruppel, „Geschichte der Stadt
Offenbach", Vom Werden der Stadt 1685 – 1718
Wikipedia „Krieh die kränk Offebach"
Hans-Georg Ruppel, Geschichte der Stadt
Offenbach", Wirtschaftlicher Aufstieg bis zum Ende
des Fürstentums
www.stadtoffenbach.de /kultur-und-
tourismus/stadtgeschichte/Goethe und Lilli
Hans-Georg Ruppel, „Geschichte der Stadt
Offenbach", Offenbach wird Industriestadt des
Großherzogtums

Geschichte dritter Teil
Hans-Georg Ruppel, „Geschichte der Stadt
Offenbach", Offenbach wird Industriestadt des
Großherzogtums
Hans-Georg Ruppel, „Geschichte der Stadt
Offenbach", Von den „Gründerjahren" zum ersten
Weltkrieg

Hans-Georg Ruppel, „Geschichte der Stadt
Offenbach" Zwischen Monarchie und Diktatur
IHK Offenbach, 200 Jahre IHK Offenbach am Main-
Jubiläum 2021
Stefan Mangold, Offenbach Post, Rund ums
Dampfross
WürzburgWiki: „Leonhard Eißnert"
www.stadtoffenbach.de /kultur-und-
tourismus/stadtgeschichte/Offenbach im zweiten
Weltkrieg
Georg Büchner Portal: „Carl Preller"
Wikipedia: „Georg Büchner"
Wikipedia: „Der hessische Landbote"

Geschichte vierter Teil
Hans-Georg Ruppel, „Geschichte der Stadt
Offenbach", Von den „Neubeginn und Aufbaujahren"
Hans-Georg Ruppel, „Geschichte der Stadt
Offenbach", Von den „Gründerjahren" zum ersten
Weltkrieg
www. stadtoffenbach.de /kultur-und-
tourismus/stadtgeschichte/jüdisches Offenbach
Anton Jakob Weinberger / Wo liegt jetzt ihre Asche,
FAZ, 01.04.2012

Danksagung

Mein Dank geht zunächst an die Menschen, die
bereit waren, mir ihre nicht einfache Geschichte
zu erzählen und sie somit der Öffentlichkeit bekannt
zu machen

Danken möchte ich aber auch

- der Hessischen Kulturstiftung, ohne deren
  finanzielles Engagement dieses Buch nicht
  möglich gewesen wäre

- Anton Jakob Weinberger für die
  Überprüfung der geschichtlichen Richtigkeit

- Thorsten Hiller von der Agentur thak in
  Gerabronn für das Lektorat aller Texte

- Hans-Rudolf Schulz aus München für die
  Hilfe beim Erstellen des Layout